a r s　i n c o g n i t a

感情を生きる

パフォーマティブ社会学へ

岡原正幸 編著
Masayuki Okahara

小倉康嗣　澤田唯人　宮下阿子

慶應義塾大学三田哲学会叢書

目次

1　生と感情の社会学――まえがきにかえて

岡原正幸

I――「生と感情の社会学」という経験

それぞれの人がそれぞれの人生をもっていた。あの教室に集まった性別も年齢も社会的立場も違う一〇〇人以上の人々が、それぞれの人生を背負って生きているという、本当にごく当たり前の事実を目の当たりにした。プレゼンテーションでは、多くの人が、自分の弱さとも言える部分をさらけ出していた。けれど、他人にそれを伝えられるということは、その人はすでにそれを受け入れている（少なくとも受け入れようと努力している）のだということがわかった。だから、それはすでに弱さではなかった。弱さは、聞き手の私たちを揺り動かし共に考えさせる、強さになっていた。不思議なことに、テーマに興味を持って集まった自分達のグループ内での話し合いでは勿論のこと、他のどのグループの発表を聞いても、自分を通して、自分の体験と重なる部分が生まれる。一見、自分とはまったく縁のない体験のようで、どこかで必ず繋がっていく。グループワーク内でも、他のグループのプレゼンテーションの聞き手という立場でも、この不思議な科学反応のようなものは続いた。

様々な経験を通し感じた人々の「感情」を知ることで、状況は異なるけれど、自身の心と重ねて考えることができたのも新鮮だった。どこかで「自分だけが一番苦しくて辛い」と思っていた気がするが、人々の人生に、心（感情）に触れることで、自分だけではないのだと感じた。そして、そのことを感じることで、少し孤独を感じていた自分の心が温かくなった気もした。人と心を、人生を共有することは、勇気のいることだと思うが、ありのままの感情で、生身の姿で向き合った時、そこに新しいなにかが生まれると思う。人は、一人で生きている様で、一人ではない。生きてきた今日までの人生はそれぞれ異なるが、重なり合う部分、共感できる部分があり、そしてそれを共有することで、「生きる力」がわくと感じた。

慶應義塾大学の文、経、法の三学部は通信教育課程を開設しており、そのカリキュラムの一環として、夏に集中的な授業（スクーリング）を行う。全国津々浦々から日吉や三田のキャンパスにやってくる学生は全体で三週間にわたる長丁場を大学で過ごす。一科目は六日間連続で午前あるいは午後に一時限一〇五分の二時限つづき。その中で二〇一一年度から「社会学（専門）」を僕と小倉が担当している。「生と感情の社会学」をサブタイトルにしたこの授業は、「経験」を正面に据えた実験授業である。冒頭の引用はこの授業に参加した学生からの感想である。

ほぼ無作為に分けられたグループで、各人が事前に用意した自分のライフストーリーを互いに伝えあうことから始まる。六名程度のグループで、どの人の生を取りあげるかを決めてもらい。数日で、その人への聞き取りや自分への振り返り、文献資料調査、グループ内での話し合いを経て、グループでプレゼンを行う。他人の生を聞き、自分を通して、他の人たちに伝えるという作業だが、ライフイベントとして、自殺未遂、DV、引きこもり、離婚、死別、単身での子育て、失業、親との葛藤、いじめ、文化摩擦などが挙げられるなか、人の生を共になぞり、追体験し、自分の生と重ね合わせ、人の生を共に解釈し表現するプロセスがふまれる。

ライフストーリー研究の実地練習ともいえるが、プレゼンテーションのスタイルは違う。「生と感情の社会学」では、四～六つのグループ（授業全体では履修者数に応じて一六～二四グループ）が二教室に分かれ、各教室にそれぞれブース／舞台を設営して、同時にプレゼン（二〇分～二五分）を行う。さらに各グループは前半後半に分けて二回ずつプレゼンを行う。聴衆は、前日までに広報された情報をもとに自分の関心で前半後半それぞれ別のグループのプレゼンを選んで聞く。この同時上演／展示方式では、発表者と聴衆との質疑は活発になり、発表者も二回の本番をこなすことで新たな気づきをプレゼン中にも得て、プレゼン内容にも波及する。

朗読、一人芝居、寸劇、トークショー、インタビューの再現など、グループが独自に提案する様式は多種で、なかには、ストーリーの主役と聞き手をひとりの人間が演じることで、聞き取りのダイナミクスや共同作業という性格を表現することに成功したグループもある。生の立ち上がりが再現されるには、人と人が対面し、ことばだけではなく、身体、身体的なもろもろや感情が提示される形式、すなわち演劇的な様式（パフォーマンス）こそふさわしく、また自然であるように思われる。それはおそらく、現実の生の立ち上がりがパフォーマンスとしてなされるからである。

Ⅱ――生きられる経験、生きられる社会学――パフォーマティブに生きる

生きられる経験、生きられる感情、そういったものをどのように抱え、そしてどのように人に伝え表現するのか、あるいはまた、生や感情を生きるということ、そのことについて社会学をして、その上でその社会学を生きるということ、そんな諸々をどのように組上げていくのか、課題である。生きられる経験を取り込む、といっても、そう簡単に掬えるものでも、形を与えられるものでもないかもしれない。しかし、そう考えて悲観してしまうのは、すでにして、生きられる経験を物象化した上だからではないだろうか、とも思う。生きられているという事態は実際にはどのようなことでありえるのか。

ここでは生きられる社会学について考えてみよう。生きられる経験を対象にする社会学があったとして、もし、その社会学が生きられることとなく、ただ論文や書物の形で放置されているだけなら、そこで語られている経験は、果たして生きられるものなのだろうか。むしろ死物化されてはいないだろうか。もちろん書物を介して三者（調査者、調査協力者、読者）が出会う現場がないわけではない。だがその先の「対話」となると難しい。

「対話」は、一定の自明化された合理的枠組みの中で勝ち負けを争う「ディベート」とは違う。自らの生（生きられた現実・経験、実存的なポジショナリティ）を背負って、つまり「学知と現実が分かれていく以前の経験的土壌」に降り立って異化しあう生成的コミュニケーションが「対話」である。そうであるからこそ、自らが変容し、視野を広げ、現実を豊かにしていく可能性がそこに生まれる。（小倉 2012: 58）

社会学がこのような対話である限り、それは生きられた社会学になろう。そこに表現された生きられた経験を、社会学という営みをする中で、死物としてではなく、生きられつつある経験として、生きることができる。さもなければ、社会学はつねに冷たく、いかにそれが生きられた経験を称揚しようが、そのまなざしを向けられたものは「生きられた経験」として死物化されてしまう。時を失い、抽象的な空間にはめ込まれた「生きられた経験」へと石化されてしまう。

社会学が生きられるとき、それは小倉のいう生成的コミュニケーションが営まれているときだ。社会学することで生の全体性が壊されてしまう、それを阻止するのは当然のこと、それだけではなく、いや、むしろ、全体性が発揮される場こそ、そのような現場を作ることこそ、社会学の営みに求められているのだ。その場に立ち合うひとがすべて当事者としての生を経験し、さらに、その経験を交流させる可能性が担保される場を工夫してこそ、社会学が講壇社会学に堕すことなく、人々の実際に寄り添う人間的な営みとして実現されるのではないだろうか。そしてそこに必要なことは、近代科学の「近代性」が近代科学自身に禁じてきたものであり、たとえば、多くの社会学者に研究と教育が別建ての行為であると確信させている禁忌でもある。それこそ、社会学という現実それ自体もふくめた「現実」の成り立ち自体がもつ**パフォーマンス性**（**身体性・共同性・現場性**）に他ならない。

『パフォーマティブなものの美学』で演劇学者フィッシャー゠リヒテはオースティンやバトラーを土台にしながら、現実構成的で自己言及的な身体化の過程であるパフォーマティブな行為の特徴を明らかにしている。そこでは自己と他者（俳優と観客）の身体的な共在や共同主体性が指摘され、さらに「生成として、経過として、変化としてしか」存在しない身体は、「完成した作品」なるものも否定するとされる。完成した作品の否定とは生成が起きている現場を離れて、その生成の記録を取り出すことの困難さを意味する。まさに現場なのだ。

パフォーマティブであることの特徴、身体性、共同性、現場性は、こうして現代アートや舞台芸術の特性でもあるのだが、同時に、社会的行為のリアルな姿でもあるということを忘れるわけにはいかない。そして社会学という営み自体も現にパフォーマティブに行われているのだ。

パフォーマンスならば生で、なければ死、というわけでもない。いや、生きられなかった社会学、それすらもひとつの出来事として、パフォーマティブに達成されてしまったものだということ、科学者集団のある種のパフォーマンスによって、死した社会学が実現されているということ、つまり、すべては私とあなたのパフォーマンスによって作られているということ、である。作りかえるとしたら、制度化されたパフォーマンスによって生み出される制度化された社会学とは別物を希求する、生きられる経験を切実に求める、そんな意志こそがまずは必要だろう。

何か学問というと、世界から切り離された、もしくは区切られた中で何かを究めるという、ある種の閉塞感を伴うものとして私のなかにあったのですが、そうではなく、私の体験をまるごと持ってそこに存在することができるものであり、それを互いに与え合うものであることを聞いて、ここには生きた自分がいる、生きた人間、生きた学問、生きた思考があると感じました。また、それを実践する場所としてこの社会学の授業がある、すなわち他者との出会いによってそれを実践するということが、私が自分の体験した「出会い」、すなわちそれは本であったり人であったり考え方であったりしたわけですが、それがこの大学という空間に存在することが驚きでもあり、嬉しくもありました。

さて、本書では僕の他に三名の著者がいる。みなさんには思う存分それぞれの著者とかかわり合って欲しい。かかわり合うことができれば、右に記した「生と感情の社会学」の受講者が感じた生きた自分や生きた思考、そして生きた社会学を実感できると思う。読むだけではだめなのだ、あなたのいる今そこであなたの身体でかかわって欲しいと思う。**パフォーマティブ**に読んで欲しい。

2　生きられた経験へ――社会学を「生きる」ために

小倉康嗣

I――社会学を生きる、学問を生きる

私は社会学という学問を生業としている。社会学とは、ものごとを相対化する学問、ひらたくいえば、あたりまえを疑う学問だといわれる。そしてそれは、大学の講義などでお守り言葉のように吹聴され、あたりまえを疑うこと自体は盛んに議論される。だが、それに比べて、相対化すること・あたりまえを疑うことがわれわれの「生（life）」に何をもたらすのか、もっと直截にいえば、いかに「生きる力」につながっていくのかについては、明確に自覚されて議論されることは少ない。

それこそ本当はあたりまえのことなのだけれど、大学での授業の初回に、いつも必ず確認することがある。大学とは「勉強」ではなく「学問」をするところであると。勉強は

「強いて勉める」と書くが、学問は「問うて学ぶ」と書く。[1] あらかじめできあがった教科書の情報摂取に「強いて勉める」勉強とは違って、学問は、自らが生きダイナミックに動いているこの世界のなかに、問う自分自身が入り込まないと実践できない。そんなことを話す。すると、学生（四年生）からこんな反応が返ってきたことがある。「この四年間、大学で社会学を学んできて、あたりまえを疑うということはよくいわれてきたけど、だからなんなの？　とずっと思っていた。それは、あたりまえを疑うことを『勉強』していただけだったからだといま気づいた」と。この意見は多くの学生の共感を得ていた。つまり、あたりまえを疑うことが教科書的に了解されてしまい、あたりまえを疑うことを、社会学を、「生きて」いなかったのである。

　では、あたりまえを疑うことを、社会学を生きるとは、どういうことなのか。それは、いかに「生きる力」につながっていくのだろうか。ここでは、私自身の「生」を教材に話してみたいと思う。いわば、私自身がまな板の上の鯉になるわけで、楽しみでもあり、怖くもある。だが、これも授業の初回に話すことなのであるが、「授業」とは「業」を「授」けると書く。[2] 「業」とは、その人の人生において背負っているものである。これを読んでいるあなたも、さまざまな「業」を背負ってここに臨んでいることだろう。その意味で授業とは、「業」と「業」のコミュニケーション（「業」の「授」け合い）の場であり、生きられる社会学とは、「業」と「業」のコミュニケーションから生成されると私は思っている。だから、それでよしとしたい。むしろそこから、「生きられた経験」に接近していくことの社会（学）的意味・意義をあぶりだしていきたいと考えている。

Ⅱ――私に刺さった「棘」と社会学

そもそも社会学とは、私にとってどんな学問なのか。それを私自身がどうイメージしているのか。まずはそこから始めたい。[3]

授業でよくこんなふうに話す。私にとって社会学という学問は、たとえていうならばポテトチップスの袋の「切りくち」みたいなものである。それは、ほんの数ミリの切り込みだけれど、それがないとどんなに力を入れて引っ張ってもなかなか袋を開けることはできない。このほんの数ミリの切り込みが袋を開き、視界を切り拓いてくれる。そんな、自分がいまいる枠に切り込みを入れてくれるのが社会学である、と。

人は追い詰められ苦しんでいるとき、じつはとても小さな固定化された枠のなかでもがいていたりする。だがちょっと視点をずらして見てみると、その枠の外にはさまざまな隙間や居場所があり、大海原が広がっている。社会学はそれを気づかせてくれる学問である。だから自分自身の身体（経験）をそこに入れ込んでみよう。たんなる「知識」ではなく、自分自身が生きていくための「知恵」として考えていこう。他者や社会への想像力も、案外そこから生まれてくるはずだ、と。

私がこのような社会学観を抱くにはそれなりの理由がある。それは、私の身体に刺さった「棘」である。その「棘」とは、私がゲイ（同性愛者）であるということであり、そのことで人生と、そして世間と格闘せざるをえなかった経験である。

私は中高生時代、いちばん多感な時期を熊本という小さな地方都市で過ごした。いまから三〇年ほど前になる。地方都市であったということもあるが、当時は九〇年代のゲイ・ムーブメントが起こる前であり、時代状況としてもホモフォビア（同性愛嫌悪）の闇は、いまよりずっと深かった。実際、ゲイはクローゼットな存在であったし、日常生活の文脈では存在そのものが認められていなかったといってもいい。ゲイはテレビのブラウン管のなかだけにいる（しかもキワモノ扱いされている）特別な人たちで、自分の周りには日常生活者としてのゲイなど誰ひとりいないとさえ思っていた。

ふと思い出しただけでもいろんな記憶がよみがえってくる。ある日、親友とテレビを見ていたとき、同性愛のタレントが出てきた。そのとき親友は、「こいつゲイボーイっていうとばい。気色悪かぁ！」――すかさずそういった。そのとき私は、親友からも抹殺される存在なんだなぁと思った。当時、本当はなんでも話せる悪ガキ仲間がほしかったが、シモネタで仲間意識をつくれない自分がいた。嫌悪感を抱きつつ優等生を演じることで、かろうじて学校のなかでの自分の居場所を確保していた私は、毎日吐き気をもよおしながらも「勤勉に」学校に通っていた。その一方で、そんな自分をさとられたくなくて、いつもつくり笑いをしているような少年だった。

思春期を迎えた頃は、人なみに初恋もした（もちろん相手は男性である）。だが、恋した相手にその想いをどんなに伝えたくても、それを実行することは、その人から激しく拒否されるだけではなく、変態扱いされることを意味した。いわんや、そんな張り裂けそうな気持ちを誰にも吐露することもできない。やり場のない想いをひとり抱えながら、同性に対してそういう感情を持ってしまう自分を、そしてその感情そのものを、自ら否定しなければならなかった。

家族という親密性の城塞にも自分の居場所を見出すことはできなかった。サラリーマンの父、専業主婦の母という典型的な近代家族のなかで育った私は、結婚して子どもを持って一人前という会社社会の価値観に染まっていた。だが将来、父のようなサラリーマンというライフスタイルを生きていくことはできない。かといって、それ以外の生き方を当時の私は知らなかった。自分には家族を形成する機会を持つことも許されず、もはや大人社会のなかで生きていくすべはないと思った。むろん、親に自分のセクシュアリティを明かすことなど到底できない。親を絶望に追い込むであろうことが、一〇代の少年にも痛いほどわかっていたからである。

自分の名前に対しても葛藤があった。私の名前は「康嗣（やすつぐ）」という。康嗣の「嗣」は、「世継ぎ」の「嗣」である。長男である私に、祖父が付けてくれた名前だ。孫思いの立派な祖父の、私が小さい頃からの口癖は、「しっかり勉強して、立派な大人になって、いい嫁さんをもらって、小倉家の跡をしっかり継いでくれよ」だった。だが祖父の期待にこたえて結婚するのであれば、自分を偽りつづけて生きていかなければならない。そんな将来に希望を持てない私は、「あぁ、結婚できない自分は小倉家を途絶えさせてしまう。生まれてきちゃいけない人間だったんだ」と思っていた。名前が重かった。

こうして私は、ジェンダー／セクシュアリティの排他的な二元編成に、また会社社会に下支えされた近代家族のありように、そしてより根源的には、生きる意味と「いのち」の連続性をどう考えていけばよいのかという「生（life）」の問題に、否応なしに対峙せざるをえなかった。しかし、どこにも居場所はなかった。

私はもがいた。新聞も本もろくに読まない少年が、このときばかりはなんとか自分の居場所を見つけたいと、藁をもつかむ思いで精神医学や心理学の本を貪り読んだ。しかし当時のテキストは、自分の存在を否定するものばかりであった。フロイトに依拠した「倒錯」という物語の氾濫。この物語は、のちにフェミニズムによって覆されることになるが、当時の私はそれを受け入れるよりなすすべがなく、「あぁ、自分は人間として欠陥製品なんだ」と絶望した。

ありのままの自分に向き合おうとすればするほど、私という人間は存在不可能になった。もはや自分の「棘」にはフタをし、それを見ないようするしかなかった。いつも嘘をついていなければならない自分、演じつづけなければならない自分がそこにいた。私は「透明な存在」になっていった。

しかし、いつまでも自分をごまかすことなどできるわけがなかった。時代は九〇年代に入り、日本でもゲイ・ムーブメントの口火が切られた。ゲイであることを肯定的に生きる文脈の芽が少しずつ出はじめていた。そんな二二年前のある日、テレビである深夜番組を見た。そこには自らがゲイであることを公表し、ゲイであることを肯定的に生きている人びとが映っていた。それまではキワモノ扱いの対象でしかなかった同性愛者が、人生を主体的に生きる「人間」として登場していた。初めて見る姿だった。私は興奮した。精神医学者や知識人といわれる人たちと対論していたが、そこに登場したゲイの人たちの「生きた」言葉のほうが圧倒的に説得力があったし、なによりも私にはリアルだった。目から鱗が落ちるとは、こういうことをいうのだろう。それは、閉ざされた魂の扉が少しずつ開かれていくような、そんな経験だった。その夜は朝まで眠れなかった。

そして時代は、そんな個人的な経験に伴走するかのように、これまで「定番」とされてきた従来の生の枠組の揺らぎがいたるところで起きていた。そんな時代の気配を、私は干からびたスポンジがたっぷりの水を吸い込んでいくように貪欲に吸収した。また、そうした個人史と時代史のうねりのなかで、さまざまな他者との出会いにも恵まれた。いろんな人が、いろんなところで、いろんな想いを抱きながら、いろんな生き方をしていることを知った。そして、自分がとても小さな枠のなかでもがいていたことに、だんだんと気づいてきた。自分をがんじがらめにしていた枠に切り込みが入り、おぼろげながらではあるが大海原が見えてきたのである。

むろん、その大海原は、ときには荒ぶる波とどこまでも深い青さに足が竦んでしまいそうな混沌たる絶海なのかもしれない。それでもいいのだ。荒波を引き受けながら、その深い青さを噛みしめながら、畏れと歓喜のなかで素直に生きていくことができれば、それは豊かなことではないか。私の覚悟は決まった。

自分に刺さった「棘」にフタをせず、その「棘」を一生懸命に生きると、社会を相対化する眼が見開かれてくる。自らの人生、そして自らが生きる社会は、わが身でつくっていくのだという深い了解が生まれる。そこから新たな生き方づくり・社会づくりへの模索がはじまる。そしてさらにそれは、試行錯誤しながらの下からの社会生成こそが力を持つ時代状況とシンクロすることがわかってくる。

この一連の過程のなかで、生きてちゃいけない人間だと思っていた自分が、生きてていいんだと思えるようになった。そして現在は、生かされているという感覚が強く私のなかに生成している。それは、私自身のひとつの生のプロセスであるといえるが、同時にそれは私の社会学人生の底流でもある。そしてこれこそが、私にとって「あたりまえを疑うことを生きる」「社会学を生きる」ということであり、「あたりまえを疑う」「社会学する」ことが私の生にもたらす「生きる力」である。

私の好きな言葉に「パトス（pathos）」という言葉がある。「パッション（passion）」の祖型となる言葉であるが、「熱情」「情念」という意味と同時に「受苦」「受難」という意味をも帯びた両義的な言葉である。私にはこの両義性がとても豊かに響く。居場所のなさや違和感・苦悩を感受し、葛藤することは、社会や人間の生へのまなざしを見開く情念を生み出し、それが人生を、そして社会を豊饒化していく。それまでの自分がいる枠では意味づけすることすらできない苦しみの受難は、その枠を「回生」させ、新たな存在可能に向けて踏み出すチャンスである。それは社会自体についても言えることであろう。苦しみは人間を、社会を再帰的にするのである。

そして「棘」こそは、このパトスの源泉である。「棘」が契機（切りくち）となってパトスが生成され、それが新たな意味づけ（存在可能）へと踏み出す力となる。だれしもプラスのカードだけを持って生きている人はいないだろう（もしそういう人がいたら、それ自体がその人の「棘」である）。「棘」に囚われてしまってはいけないけれども、自分に刺さった「棘」は「臭いものにフタ」するようなものではなく、むしろ練りあげていくことが、うわずることなく借り物ではなく社会学するために大事だと私は思うのである。

Ⅲ——生きられた経験へ

覆い隠す「フタ」を取り除き、「棘」と感受されている経験そのもの（パトスの源泉）にまで降りて、それを練りあげていくこと。それは、現象学などが標榜する「生きられた経験」へと降り立っていくことである。M・ヴァン゠マーネンは、生きられた経験へ継続的な関心を向けることは「事象そのものへ」向かうことであり、「生きられた経験の現象に向かうことは、世界についての基礎的な経験を呼び覚ますことで世界をみる見方をもう一度学ぶことである」（Van Manen 2011: 60）という。Ⅱ節で述べたような、おのれが自明としていた枠（あたりまえ）に切り込みが入り、「棘」と感受されていた経験そのものをフラットにまなざすことで見えてきた「大海原」。それは「事象そのものへ」向かうことで呼び覚まされた「世界についての基礎的な経験」であり、「生きられた経験」の海原であった。私はそこから、世界を見る見方をもう一度学びなおしたのである。

それを可能にしたものはなんだったのか。それは他者の「生（life）」との出会いだった。もちろん、想像すらつかなかったゲイとしての生を生きている先達の同性愛者との出会いはその最たるものであった。だがそれだけではない。同性愛者ではなくとも、さまざまな「棘」＝「業」を背負い、この社会を生き抜いた／生き抜かんとしている人間の生との出会いは、私に世界を見る見方をもう一度学びなおさせる気づき＝「切りくち」を与えてくれた。

その意味では、書物だって叙述のされ方や読み方によっては他者との出会いになる。新聞もろくに読まない少年が、藁をもつかむ思いでいろんな書物を読み、しかしどの専門書を読んでも自分のことを肯定してくれるテキストを見出せなかった（どんな専門知も自分をがんじがらめにしていたあたりまえの枠を補強こそすれ、相対化してくれなかった）とき、その枠に切り込みを入れてくれたのは、専門書＝専門知ではなく、著者自身の生きられた生が、あるいはこの世を生ききった人間の生が描かれた自伝やドキュメンタリー、文学などの「作品」（内田 1992）であった。このような生きられた生の上に立った「作品」では、時代を超えて、すでにこの世にいない他者の生とも出会える。たとえ同性愛のことを肯定する記述がそこになくとも、いろんな時代に、いろんな人が、いろんな業を背負って、いろんな生き方をしていることを追体験できる。それこそが、私をがんじがらめにしていた枠を、そして社会を相対化する眼を見開き、「これでも生きられるんだ」という「生きる力」を与えてくれたのである。

そう、「相対化すること」「あたりまえを疑うこと」を「生きる力」につなげてくれたのは、定式化され細分化された専門知ではなく、そのもっと根っこにあって知の意味・学問の意味の基盤となっている、他者の「生きられた経験」との出会いであった。

もうひとつ例を挙げよう。本書第1章でも触れられた、私と岡原さんとで実践している六日間の集中授業「生と感情の社会学」である。一〇〇名以上の多文化多世代のさまざまな経験を背負った人たちが、二〇以上のチームに分かれて、チームメンバー各々のライフストーリーを聞き合い、最終的にはそのうちのひとりの（もしくは複数名のライフストーリーを混成させたひとつの）ライフストーリーを、メンバーみんなで聞き取り合いながらつくりあげていく。そしてそのライフストーリーを、最後の二日間をかけて、各チームごとにブースをつくってプレゼンテーション（上演）し、他のチームの履修者がオーディエンスとしてそれを見聞しに行くというものだ。

ここにいう「ライフストーリー」とは社会学の質的調査法のひとつであるが、私はこう捉えている。他者の人生をインタビューし、その人（語り手）の生きられた経験を理解せんとしていくなかで、聞き手である自分自身の生をも問われ、その相互行為の積み重ねから生み出される人生の物語であると。「自分のことを話さないと、ちゃんと聞けない。自分が背負っているものを話さないと、相手は深いところを語ってくれない」という授業参加者の声からもわかるように、他者のライフを聞くという行為は、たんに受け身で話を聞くことでも同調することでもない。自らの生（実存）を投企するきわめて主体的な行為である。そして、まさしくこの相互行為の積み重ねから生み出されるものこそがライフストーリーなのである（小倉 2013）。

それを共同でつくり出していくこの授業には、①階層や役割、ジェンダーやエスニシティ、あるいは「同性愛者」「障害者」「高齢者」「被災者」といった抽象的・集合的なカテゴリーで生を切り刻んでいくのではなく、そういったカテゴリーを背負いながら生きている生身の人間の経験全体から理解しようとする〈生の全体性への接近による生成〉、②異質な経験を背負ったグループメンバーやプレゼンテーションのオーディエンスとの「語る―聞く」という関係における〈異化し合うコミュニケーションによる生成〉、③インタビューやプレゼンテーションでパフォーマティブに生を表現し、聞き手やオーディエンスがそれを〈追体験していくことによる生成〉という、重層する生成的営為が組み込まれている（小倉 2011）。

この授業の参加者のひとり、五〇代女性のAさんは、授業の感想について「何より今回の授業が異例だったのは、授業テーマが自分自身で、授業内容が自分の持つ『経験の知』と他者の『経験の知』とのせめぎ合いから感じる事、考える事で日々構築されていた事である。一方的に伝えられる知識ではない為、常に先行きは流動的で、なおかつ自分の記憶、当時の感情、それを受け止める現在の感情の再発見等々、表面は平静を装いながら内情は日々嵐のようだった」と述べ[4]、つぎのような試みをしたという。

　これが正論かどうかわからないが、私が試みたのは理屈ぬきの「子供の感覚」に戻るという事である。一個の「人間という生き物」としてただ聞く。状況を思い浮かべる。当事者としてそこに存在する自分をイメージする。そこで自分が何を感じるか。この作業を、ライフストーリーを聞く度に繰り返し、なるべく素の感情を自分から取り出す事にした。するとまるで自分と違う人生を生きてきた人達が受けた悲しみや孤独が、自分が全く別の人生の別の状況で受けた感情と大差ない感覚で入ってきた。これは単なる私のイマジネーションの世界ともいえるし、錯覚といえばそれまでなのだが、こんな作業をしてみて見ず知らずの、生活世界も社会階層も異なる人達の間に何らかの感情共有ができるものなのかもしれない。

「理屈ぬきの『子供の感覚』に戻る」という試みは、事象そのもの・生そのものを覆い隠す「理屈」を取り除いていくことで「素の感情を取り出」し、他者の「生きられた経験」と出会うための彼女なりの実践であったといえるだろう。その実践は、他人ごととして感受してしまうそれまでの枠に切り込みを入れ、他者の生を自らの生と地続きなものとして「感情共有」するという感覚をもたらしたのである。

このように、「生きられた経験」にまで降り立ったとき、個やカテゴリーを超えて地続きとなった地平が見えてくる。それは「生き方次元での当事者性」の感受といってもよい（小倉 2006）。たとえば「同性愛者」「障害者」「高齢者」「被災者」といったカテゴリーに属するかどうかという次元では当事者じゃなくても、生きづらさや苦しみ、あるいは快や喜びの経験のなかで自らの居場所を見出していかんとする「生き方」の次元では、誰もが当事者ではないか。たとえ同じカテゴリーに属しているという意味での当事者性や同一の理念を共有していなくとも、存在可能に向かって懸命に生きんとする経験の経路たる「生き方」の次元にまで降りていくと、そこに経験の重ね合わせの可能性（＝参与可能性）が生まれ、自分ごと（＝当事者）として了解されてくる。そこから新たなコミュニケーションの可能性がひらけてくるかもしれない。その可能性を、Aさんは感じとっている。やはりこの授業の参加者であった三〇代の男性は、「『この人は鬱の人だから××という扱いをしなきゃ』『この人は障碍者だから××としなきゃ』という、何かのくくりで扱うのではなく、それぞれの個にそれぞれのヒストリーがあり、何かのルールに当てはめるという志向の枠を少し超えることができた」という感想を寄せた。このような感想は多くの参加者が共通して抱いていたものだった。

さらに、この授業の初日が近づくにつれ「学びたいという欲求と、自己を振り返ることに対する拒否感とが交叉し、葛藤を抱いていた」という参加者Bさん（六〇代男性）は、つぎのような思いを率直に吐露してくださった。

私はあきらかに自己と対峙することを避けようとしていた。／（授業の）二日目、逃げるべきか、たち向かうべきなのか、迷いながら議論に臨んだ。／二一歳の若者が兄によるいじめ、高校でたった一日だけ無断欠席したことを機に学校に行かなくなったこと、その後の立ち直りまでの経験を絞りだすように話したことを聞き、私の迷いはいつのまにか吹っ切れていた。プレゼンの対象となった○○さんの話とともども、同じ思いを抱いて生きている人たちの声は、私の内奥にのしかかっていた重荷を軽くしてくれたのだった。彼ら彼女たちの話はすでに映画やテレビの映像でも、あるいは新聞、週刊誌の類からもすでに〝追体験〟しているにもかかわらず、直接に話者の哀しそうな表情や苦闘を感じながら聞くことは、今までとはまったく次元を異にするのだった。／悩みや苦労に重さはないが、どこかに自分ほど重いものをもって生きてきた者はいない、というような自虐的な気持ちに小さな楔を打たれた社会学であった。小倉先生が強調されていた切り口をみつけたと思った。（括弧内は小倉による補足、スラッシュは原文の段落を示す。固有名詞は伏せてある）

ここでBさんは、世代も経験の中身も異なった他者の「生きられた経験」と出会っている。そして他者の「生きられた経験」と出会ったとき、Bさんは「いつのまにか」、自《おの》ずから自《みずか》らの「生きられた経験」に降り立っていたのだ。なにも肩肘張って「自己と対峙する」と身構えなくともよい。このときBさんは、あたりまえを疑うことを、社会学を、頭で「勉強」するのではなく、たしかに「生きて」いた。

ライフストーリーの共同制作を通じたひとりの人間の経験の経路（プロセス）・流れ（文脈）への理解は、個人の固有の生を尊重する。だがそれは、たんに「人それぞれ」という相対主義を帰結するのではない。他者がそのような考え方・価値観をもつにいたった経験の経路・流れ＝土壌にまで降り立っていくこと、つまり「生きられた経験」にまで降り立っていくことは、むしろ「人それぞれ」という表層次元での相対主義をさらに相対化し、その根っこにあり、われわれが生きている地続きな意味地平を感受させてくれる。つまり、「生きられた経験」にまで降り立つと、「人それぞれ」の経験でも重ね合わせの可能性が出てくるのだ。それは、新たな他者とのつながり・社会的なるものを再構築していく創造的契機でもある。そしてこれこそが、「生きられた経験」に接近していくことの第一義的な意味であり、意義である。

Ⅳ――現代社会（学）と生きられた経験

現代社会は、「第二の近代」「再帰的近代」「リスク社会」「リキッド・モダニティ」などと呼ばれる（Giddens 2005; Beck et al. 1997; Bauman 2001 など）。人びとの共通前提となっていた「大きな物語」が解体し、グローバル化と個人化に引き裂かれていく時代状況のなかで、雇用の流動化や家族のあり方の変化、それにともなう生活やつながりのあり方の不安定化、生きる意味のゆらぎなど、既存のカテゴリーや枠組では捉えきれない新たな生のリスクや生きづらさが噴出しているというのが、そこに共通する社会（学）的認識である。

このような状況のなかでは、人びとはどう声をあげてよいかわからず、孤立しながら問題に対処し、途方に暮れている（宮本 2008: 174）。しかし、これらの新たな生のリスクや生きづらさは、上述のような社会状況のなかで多くの人たちが直面し、その解決のためには人びとの協力が不可欠となる「公共性の高い問題群」（同上）なのである。だが、現在の個人化状況では、新たな生のリスクや生きづらさを公的なものとしていく概念的手立てや社会的場が（少なくとも既存のものとしては）なかなかない。

そうした状況を、社会学者のU・ベックは「概念を喪失した社会」だと喝破し、このような社会のなかで社会学者が果たすべき役割とは、新たに社会を記述する概念を創出し、公的な論争の場に積極的に提示していくことであると主張する（Beck 2005: 307）。「近代化の意図せざる結果は近代の諸制度に対して『反射的』に変容を強いるが、それに対して新たな概念を提起することによって、『反省的』に従来の制度的境界線の引き直しを行う実践」（Beck 2005: 312）が求められているのである。

既存のカテゴリーや枠組では捉えきれない新たな生のリスクや生きづらさが噴出していくなかで直面する難しい問題は、「制度的境界線の引き直しの実践」において立ち現れてくるのが、「同質的で議論の作法をわきまえた市民のとりかわす討議空間」よりもむしろ「必ずしも公共的討議に長けているわけでもないさまざまな人々が、試行錯誤で打開策を模索する過程」（宮本 2008: 182）であるということである。したがって、人間や社会を捉えていく道具立ての刷新を「公共的討議に長けているわけでもないさまざまな人々」と試行錯誤しながらおこなっていくことがきわめて重要になってくる。

このとき、「生きられた経験」に降り立った対話が要請されてくるのである。さきに取りあげた集中授業「生と感情の社会学」の最後のプレゼンテーションの多くは、対象となった人生の客観的記述よりも、ライフストーリーを共同制作していく相互のインタビュー過程で、メンバーそれぞれが戸惑い、逡巡し、葛藤しながら、お互いに変容していくプロセス（気づき＝「切りくち」を見出していくプロセス）そのもののプレゼンとなり、そしてそのプロセスそのものを自らの身体を使って上演することによって、見聞しに来たオーディエンスと追体験しながら対話していくことを目論んだものとなった。そこには「切りくち」の連鎖・連携というべきものがあり、それはまぎれもなく、人間や社会を捉えていく道具立ての刷新を「公共的討議に長けているわけでもないさまざまな人々」と試行錯誤しながらおこなっていく文化的創造の場になっていた。

「生きられた経験」に接近していくことの、さらに大きな現代社会（学）的文脈における意味と意義が、ここにある。

註

1　学問が「問うて学ぶ」「試み」であることとは、社会学者であり私の恩師でもある川合隆男先生がよくおっしゃっていたことであった。質的心理学のやまだようこさんも、このような指摘をずっとされている。

2　「授業」が「業」を「授」けると書くということは、かれこれ一〇年以上前に、敬愛する社会学者であり親友でもある三浦直子さんとこんな話をしていたときに、彼女からご示唆いただいた。

3 以下は、小倉（2006: 497–504）の一部を微修正のうえ再録したものであり、後述の集中授業「生と感情の社会学」の初日に、私自身のライフストーリーとして話すことでもある。

4 六日間にわたる授業終了後にメールで寄せられた感想である。最終日に「簡単なものでよいので正直な感想をメールで送ってください」と参加者に伝えていた。以下、この授業の感想として引用している文章は、そこからの抜粋である（漢字かな遣い含めて原文のまま引用）。

5 「人それぞれ」の時代、私たちの思考の共通前提となる「大きな物語」は解体したといわれる。だがそれは、「個人化」あるいは相対主義というさらに大きな物語＝あたりまえを、頭でっかちにつくりだしていないだろうか。

3 「時間が解決してくれる」ということ
——生の脈拍（*é-motion*）の傍らで

澤田唯人

使い慣れた言い回しにも嘘（うそ）がある。時は流れる、という。しかし、流れない「時」もある。津波に肉親を奪われ、放射線に故郷を追われた人たちにとって……針は前に進んでいない。

（読売新聞二〇一二年三月一一日朝刊「編集手帳」）


もう一年なのか、まだ一年なのかを問われれば、もう一年が過ぎた、の感が強くある。……卒塔婆《そとば》に拝んでいた中年の女性は「ここで暮らしたなんて遠い昔のよう」と言った。止まったままの時と、過ぎに過ぎる日々が、被災の地に混在している。

（朝日新聞二〇一二年三月一一日朝刊「天声人語」）


時の迷路のなかで一年が過ぎた。もしも時間を戻せる時計があったら……戻りたい「あの時」は頭にこびりついていよう。……助けてあげられなかった子、手を差し伸べられなかった親、一緒にいながら生死を分けた友。……時間の凍りついたような「被災」が尚も続く一年後である。

（毎日新聞二〇一二年三月一一日朝刊「余禄」）

I――過ぎ去る時計の時間／滞る感情の時間

「きっと時間だけが解決してくれる」――私たちは、感情的な苦しみを生きるよりほかに為すすべのない他者に向けて、しばしばそう口にすることがある。けれども、時計が刻む客観的な時間が過ぎゆくなかで、主観的に生きられる時間だけが重く滞り続けているのだとしたら。どうしてこの言葉が、その人の救いや希望となりえるだろう。

私（筆者）自身、深い悲しみにある他者をまえに、「きっと時間だけが」と口にすることがあった。実際に言葉にしない場合でさえ、強くそう願うことでしか、その人に寄り添えないと思うこともあった。だから、「時間が解決してくれる」という言葉は、悲嘆に暮れる他者の傍らで、無力にあり続ける自分自身への言い訳にすぎなかったのかもしれない。「時間だけが解決してくれる、だから私にできることは何もないのだ」、と。

けれども、不思議なことに、私たちはこの言葉をもって他者のそばを離れていこうとするわけではない。時間だけが解決するというのに、それでも私たちはそこに居続けようとする。ともに時を過ごすことをやめてしまえば、他者の生きる時間だけを〝あの時〟に置き去りにしていくような気さえした。「きっと時間だけが解決してくれる、だからこそ他者の傍らに居続けなければならない」——そんな逆説と後ろめたさを私は感じていた。

もしかすると、目を覆いたくなるような光景のなかで、「祈りにも、悲鳴にも異なる声をあげて、今すべてが止まるようにと心から願った」(Chouchou 2011) 〝あの時〟から、他者の生きる時間は、時計が刻む規則正しい「時」の間隔などとは無関係に打たれる〝生の脈拍(*é-motion*)〟のなかにあるのかもしれない。感情という生の脈拍は、ときとして、一瞬でありながら永遠でもありうるような〈異形の時〉を打つ。[1] 私たちは、そのことを本当は知っていたのではないだろうか。だから、「きっと時間だけが」と願いながらも、必ずしも「時計の針」がただ過ぎゆくことにすべてを委ねようとはせず、許されるなら、他者の感情によって鼓動する〈生の時間〉とともにあろうとしたのではないだろうか。

しかし、私はまだ、それ以上のことをうまく言葉にできないでいる。時間が解決してくれるとはどういうことなのか、なぜ他者の傍らに居続けようとするのか、そこで何が起きているのか。そうした目には見えないけれど確かに生きられている層の経験を記述するための言葉を、私たちはいまだ持ち合わせていない。だから以下では、理論的な考察に訴えてみようと思う。その途上は抽象的ではあるが、最後にはうまく言葉にできなかった経験や私自身の当事者性が紐解かれていく。理論研究もまた、「生きられる」と信じて。

II——うずくまる身体、たちすくむ時間

感情社会学（sociology of emotions）によれば、感情とは優れて社会的な現象であるとされる。なぜなら、私たちは普段、社会的な暗黙のルールに従って、自らの感情を管理しながら生きているからである。例えば、葬儀では「悲しみ」が期待される。だから参列者は悲しみを装ったり、故人との日々を思い出して、わざわざ実際に悲しむのである、と。

しかし、このような見方は、人間と感情との関わりを「管理」という一面からしか捉えていないように思われる。脈打つ時のなかで、ただただその場にうずくまることを、あるいは暴れ、もがくように行為することだけを余儀なくされるとき、むしろそこには、主体としての感情管理の可能性を奪われた人間の姿があるのではないだろうか。だとしたら、感情社会学は「感情が技術的に管理可能だという論点を導入することで、感情管理を常に的確におこなえるという人格を生み出し、本来は感情を常に的確に管理することなどできないはずなのに、そのことを十分見据えなかった」（三井 2006: 62）といえるだろう。

こうした偏向は、しかしながら、感情社会学という一領域に限られたことではない。ふり返ってみれば、社会学における行為主体とは、常にその感情的な生のありさまを脱色さ

れて描かれてきた。鎌田大資によれば、「従来の社会学理論の主人公」とは、「社会の正常とされる規範を内面化し、それに基づいて行為することだけを志向する成熟した社会的行為者」、または「さまざまな経済的社会的な損得計算を行って、利益の多い行動を選択する合理的行為者」（鎌田 1995: 138）たちだったのである。そして彼は次のように問う。

私たちのうち、何人がそこまで肯定的感情性に根ざして常に行為するだけの強さをもっているだろうか。ときとして自己の内側に、過去の迷宮に閉じこもり、現在と未来に背を向けた非本来的な感情性のモードに落ち込んでしまうのが私たちではないだろうか。……従来の社会学理論こそ、私たち人間の弱い側面、後ろ向きの側面を十分に捉えていなかったのではないだろうか。（鎌田 1995: 138, 傍線は引用者）

おそらく、鎌田が傍線部で、行為における「感情性」と「時間性」という二つのモードを関係づけた記述をおこなっていることは偶然ではない。従来の社会学における行為者像を転換し、重く滞った時を打つ〈生の脈拍〉をめぐって何事かを論じうるためには、何よりもまず、行為における感情性と時間性との関連を分析しうる視座が不可欠となる。

Ⅲ――感情と時間の等根源性

では、私たちの生きる時間と感情とは、そもそもどのように存立し、互いに関係しているのだろうか。この点を明らかにするために、時間が感情的に滞るという現象を一旦離れ、時間と感情とを共に喪失するという「離人症」と呼ばれる現象について検討しておきたい。木村敏は、「離人症のあらゆる特徴を完備した典型的な症例」として、あるクライアントの訴えた切実な体験内容を、次のように記述している。

> 自分というものが感じられない。何をしても自分がしているという感じがない……感情というものがいっさいなくなってしまった。嬉しくもないし悲しくもない。私のからだもまるで自分のものでないみたい。だれか別の人のからだをつけて歩いているみたい。……時間の流れもひどくおかしい。時間がばらばらになってしまって、てんでばらばらでつながりのない無数の今が、今、今、今、今、と無茶苦茶に出てくるだけで、なんの規則もまとまりもない。私の自分というものも時間といっしょで、瞬間ごとに違った自分が、屑みたいにばらばらと出ては消えてしまう。今の自分と前の自

分とのあいだになんのつながりもない。……空間の見え方もとてもおかしい。鉄のものを見ても重そうな感じがしないし、紙きれを見ても軽そうだと思わない。とにかく何を見てもそれがちゃんとそこにあるのだということがわからない。色や形が眼に入ってくるだけで、ある、という感じがちっともしない。（木村 2006: 105–6）

ここには、①世界の非存在感、②自己＝身体の不在感、③感情の喪失感、④時間の非連続感という、互いに何も関係がないように思われる複数の体験が同時に語られている。だが、木村を含む現象学的精神病理学者たちは、これら全ての症状はたった一つの根源的な障碍に起因しており、各症状は全てそこから説明可能だと述べる。その障碍とは、「現実との生ける接触（contact vital avec la réalité）」からの剥離である（Minkowski 1954: 73）。

私たちは通常、いまここに自らが生きているだろう世界がある、という実感や感触を失うことはない。それは、私たちの意識が、世界とのあいだにこの《接触》の関係性を保ち続けているからである。つまり、離人症例が逆説的に明らかにしているように、「私たちの現実性体験とは、一種の手ごたえの印象」を必要としているのである（木村 2006: 162）。

また、この《接触》という世界との関係性は、世界の内に自らが身体的にある、という受肉の情感（affectivité）をも支えている。それはちょうど、毛布（＝世界）に包まれることで、毛布の存在を感じることが、同時に包まれている「私（＝身体）」の存在を、抱擁感や温もりとして感受することでもあるのと同様である。それゆえ、離人症例のように、世界との《コンタクト》が失われれば、世界がそこにあるという感触も、自己＝身体がここにあるという受肉の情感も、同時に喪失されることとなる。それはつまり、世界のあり方の変容が、《接触》の関係性を介して相関する私たちの情感のあり方を揺動し、多種多様で動的な感情（é-motion）へともたらされていく可能性も失われることを意味している。

そして、この世界との決して目には見えない《接触》から剥がれ落ち、自らがいまここにある、という実感を失うこととは、〈いままで〉と〈いまから〉の結節点としてのいまを失うことをも意味している（〈まで‐いま‐から〉）。それゆえに、離人症において生きられる時間は持続感を失い、「つながりのないばらばら」の断片と化してしまうのである。

いま一度クライアントの語りを読み返してもわかるように、離人症における感情経験と時間感覚の喪失は、普段はそれとして気づかれていないけれども、私たちの生きる感情と時間がともに、世界との《接触》という等しい根源において存立していることを逆説的に裏づけている。生の脈拍は、まさにこの《接触》において打たれるのではないだろうか。

Ⅳ——世界に身体が馴染むこと

「身体が世界のなかにある在り方は、ちょうど心臓が生体のなかにある在り方と同様である」(Merleau-Ponty 1974: 3-4)——M・メルロ＝ポンティのこの言葉は、前節で示唆された生の脈拍の様相を的確に言い表しているのかもしれない。彼もまた、情感的に生きられる身体とは、世界との抱擁の関係にあり、「両者のあいだにあるのは、境界ではなく、接触面(surfface de contact)」であると述べる(Merleau-Ponty 1989: 401)。ただし、メルロ＝ポンティは、さしあたりこの《接触》から、身体と世界との慣れ親しみへと論を展開する。

彼によれば、身体は接触面において与えられる、あるという肉感としての世界を、自らの実践的関心に基づく有意味な単位へと腑分けし、これを図式化することで、世界という厚みのある生地を自らに馴染んだ衣服へと仕立てていく。[2] つまり私たちは、いまここの感触を世界への投錨点としつつも、そこに図式的に親しむことで、次第に〈いままで〉と同様に〈いまから〉へも開かれているだろう、という自明性に包まれた世界、すなわち前反省的に行為できる意味世界を作り上げていくのである。野間俊一は、こうしたいまここの身体こそが、〈まで〉と〈から〉の出会う時の接触面ともなることを次のように述べる。

「過去に基づき未来へと開かれている」と感じとる現在には、「そうであるはずだ」という根拠なき確信が内包されている。それは私たち自身が……「身体」を携えて生きていることに由来する。……身体は、一人に一つずつ与えられた物体であり、延長体であるという意味では、「すでに完了」している。一方で、運動能力をもち外界に働きかけるという意味では「未来へと開かれて」いる。すなわち、身体そのものが〈完了性‐現在性‐未知性〉という時間性をもっているのである。（野間 2012: 169–70）

身体が時の接触面を担うというこの論点は、社会学では「習慣」をめぐる議論へと受容されている。N・クロスリーによれば、私たちの何気ない日々の習慣的な行為とは、〈これまで〉に身につけた行為の諸図式が、〈これから〉の世界との接触的調和（harmony）を保ち続けている限りにおいて営まれている（Crossley 2012: 227）。そこでは、経験したことを振り返らずとも、ひと息で理解することができ、私たちは〈これから＝前〉を向いたまま、当の経験を違和感なく通過し、〈これまで＝後〉へと位置づけることができる。それゆえに、身体は〈これまで〉と同様に〈これから〉へも開かれていると感じるのであり、世界との《接触》も、身体に馴染んだ調和のなかで意識されずに生きられていく。

V——脈打つ世界、感情的行為

しかし、私たちは誰しも、そのような親しみある世界が一変してしまうことを知っている。自らの身に馴染みのない出来事が現前し、それまで協働関係を保ち続けてきた身体と世界との図式的な秩序に不協和が生じれば、もはや前反省的にふる舞える習慣的な行為は立ちゆかない。つまり、「住み慣れた空間が全く別のものに取って代わるのは、それぞれの人にとって手足をもぎ取られるのに等しいことであり、これまで周りに自然に溶け出ていた身体の所作が一気に失われてしまうこと」を意味するのである（鷲田 2012: 14）。

そしておそらく、感情が時を打つという構造もまた、ここにあるように思われる。ある経験が「すでに備わっている身体図式にうまく当てはまるものであれば、それはなんの印象も残さずに通り過ぎてしまうだろう」。けれども、「経験が今の身体図式から少しずれるものであれば、驚きや喜び、怖さや不安などの何らかの情動を伴い」、さらに「その経験が、現在の身体図式を大きく逸脱するものであれば、経験されていることの意味がにわかには理解できず」（野間 2012: 197）、その経験は、忘れられていた世界との《接触》に強烈な違和感を生じさせ、ときに外傷的に働くこととなる。もしかすると、この世界との接触面に生じた強い違和の感触こそが、身体に閃光のごとき強度で打たれる脈となり、私たちに瞬間という特異な時間性と、ドキッという生々しい感情性とを同時に刻みつけるのかもしれない。そしてこのとき、図式的な分節が不協和によって掻き消されるために、主体のまえには、認識することも、そこに住み着いて行為することも不可能な領域が現れている。

E・レヴィナスは、こうした局面を、主体がそれまで腑分けし、図式化することで手なずけてきたはずの、ある（*il-y-a*）の世界――混沌とした肉感の世界――が、意味秩序の破れ目から剥きだされ、露出し、不気味に主体の生成を《侵迫》する契機とみている。

> 定立（＝主体生成）の対立項とは、宙に浮かぶ何らかの主体の自由ではない。そうではなく主体の破壊、主体生成の解体である。それは動揺 *é-motion* のなかで告げられる。……動揺は、主体がまとまり、対処し、何者かであらんとすることを妨げる。……動揺は、土台を失いながらも立ち尽くす仕方である。（Lévinas 2005: 151）

こうした事態は、世界の内に自らの身体を投錨し続けることの困難を示している。〈これまで〉のようには存在し続けることができず、それゆえ〈これから〉どのように存在していけばよいのかと立ち尽くし、混乱する身体の姿がそこにはある。そして、異質な世界との《接触》により、〈これまで〉と〈これから〉との結節点（いまここ）を失いかねない私たちは、何とかしてその結び目を得ようと、感情的に行為するであろう。例えば、いまここのパニックのなかで《暴れ》、《もがく》という行為とは、〈過去〉の行為図式が全く通用しない意味世界の海で、文字どおりに〝溺れかけている〟のであり、同時にそうした世界から必死に〝言い出そう〟と試みる隠喩的な行為なのではないだろうか。世界が細かく整然と図式化された従来の意味秩序を欠き、曖昧で捉えどころのない世界が剥きだされたとき、私たちはおそらく、ある種の「退行」を余儀なくされる。言語と身体の協働によって世界が高度に図式化される以前の、より原初的で単純な身体動作――つかむ、鳴く、跳ねる、固まる、叩くなど――を頼ることになるのである。それゆえに、身体と世界との界面に生じた分節の破れや空隙が深ければ、人はそれを修復するために、隠喩的に働きかけるほかなくなるのである。例えば、大切な人に〝見捨てられる〟とき、人は、文字どおりに必死に《しがみつく》かもしれない。あるいはその〝穴〟を、《食べること》によって埋め合わせようとするかもしれない。また逆に、周囲から負わされた過剰な期待や責任は、未消化な〝異物〟となって、隠喩的に強い《吐き気》をもよおさせるかもしれない。

客観的な科学の視点からすれば、これらは全て言葉遊びに過ぎないだろう。しかし、生の脈拍のなかで生きられる意味世界とは、こうしたメタフォリカルな世界として体験されているのではないだろうか。だからこそ、一見合理性を欠くようにもみえる感情的な行為とは、世界との《接触》に生じた動揺（disharmony）を反映しながらも、それでもなお、隠喩的に自らを世界の内に投錨し続けようと試みる実存的な行為として体現されうる。

もしかすると、ここに時が滞るという切実な生の構造もあるのかもしれない。気を緩めれば、いまにも私たちの存在を弾き出してしまいそうな馴染みのない世界のなかで、身体は、〈これまで〉と〈これから〉という時の狭間に引き裂かれている。普段は忘却されていた意味世界との接触面が強い違和や抵抗をもって現れる出来事は、私たちにそれを通過することを許さないのであり、したがって私たちは、当の経験を〈これまで＝後〉へと分節し、位置づけることもできず、ただただいまここで打たれる生の脈拍にととどまり続けざるを得ない。それゆえに、たとえ「時計の時間」が過ぎ去ったとしても、その人の生きる身体だけは依然として〃あの時〃のいまここを通過できないまま、そこに囚われてしまう。だからこそ気を張りつめ、意識的に体を動かすことで普段の日常を装わなければ、その人の身体は、瞬く間に〃あの時〃のいまここへと連れ戻されてしまうのかもしれない。

Ⅵ――ただそばにいるということ

以上の理論的考察を経たとき、時間が解決してくれると願いながらも、私たちが他者の傍らにあり続けようとしたこととの意味とは、いったいどのように考えられるだろうか。

社会学には、類似した先行研究として、「自己物語の回復」をめぐる議論がある（浅野2001）。人は、アイデンティティの危機にある現在を立て直すために、〈これまで〉と〈これから〉の自分についてのストーリーを再構成し、物語的な「自己同一性」の回復を試みる。それは自己完結的ではなく、必ず語り直された自己を受け止めてくれる他者を必要とし、他者に受容されていくことではじめて、その自己は自らにも受け入れられていく。

しかし、私たちは他者（当事者）の傍らで、必ずしも他者が何かを語り出すのを待つわけでも、それを促そうとするわけでもなく、ただそこにいた。ただそばにいることしかできなかったけれども、そばにいることに意味があるように感じられていた。もしかするとそれは、いまだ「物語としての自己」を織りなしえない他者の「身体としての自己」に関わることとなのかもしれない。重く滞る時のなかで、人は必ずしも言葉として自己を語り得るわけではない。また、たとえ物語的な自己の回復がなされても、「身体や感情がついていかない」といったずれやなごりが常に存在しうる。それは生の脈拍が打たれるという事態が、馴染みのない世界のなかで、何よりもまず身体の〈これまで〉と〈これから〉の結節点が失われかけることだからである。だがもし、そこに体現される感情的行為が、それらを何とか隠喩的にでも縫い合わせようと試みる意味行為として生きられるのだとすれば、物語る自己の手前で、すでに身体と意味世界との対話が開かれている必要がある。

しかしそれは、いったいどのようにして可能となるのであろうか。おそらく、そこにこそ、ただそばにいてくれる他者の存在が不可欠となる。現前する異質な意味世界が〈これまでの私〉を拒否し、それゆえに〈これからの私〉を世界のなかに調和的に投錨し続けることが難しいとき、それでもなお〈私〉が〈いまここ〉に〈このようにしてあること〉を認め、傍らに寄り添っていてくれる他者がいること。そこにかろうじて、〈私〉は世界との調和的な接触点を見出し、再び時の歩み踏み出していくための可能性をみることができるのではないだろうか。「時間が解決してくれる」という契機とは、他者とともに始まるのである。誰もが当事者にとって、そのような他者になれるわけではない。けれども、もしもそうした立場になったとき、ただそばにいることが決して無意味ではなく、このような意味をもちうるということ、そのことを私はずっと言葉にしたかったように思う。もしかするとそれは、冒頭に記した出来事よりもずっと前から、私が、感情的な傷みの「当事者」にも、「傍観者」にもなれない不確かな〈当事者性〉を家族のなかで生きてきたことに関わるのかもしれない。はじめはその当事者としての経験をもとに原稿を書き始めたものの、やはり自分はただの傍観者ではなかったかと逡巡し、書き続けることができなかった。だがその断片をここに付そうと思う。当事者としてではなくとも、感情的な傷みを生きる他者の傍らで、ともに時を過ごすことの意味をいまは少しだけ言葉にできたのだから。

思い出すと、いまでも身体が張り裂けそうな記憶がある。……幼い頃から、私は父親が一方的に母に暴力を振るうところを見せられていた。いくら耳を塞いでも聞こえる地鳴りのような父親の怒声、食器が割れる音、腫れあがった母の顔、血と涙を流す母の顔、それでも私には心配ないよと笑う母の顔。そうした光景が繰り返されるたびに、私が子どもながらにも感じていたのは、恐怖にもまして無力感だった。そばにいながら母を守れなかった、何もすることができなかった無力感である。父が寝静まった後も、私はいつだってわけもわからずに、食器の破片を片づける母の傍らで、その姿をみていることしかできなかった。その時間にどんな意味があったといえるのか……私はただの傍観者としてそこにいたのではないのか、そう今も問い続けている。

Ⅶ――結び

本章は、「きっと時間だけが」と願うことで、自らの無力さを思う私たちが、なぜそれでも他者のそばに居続けようとするのかを問うものであった。そこには、「時計の時間」とは異なる〈生の脈拍〉があり、その解決には他者の現前が必要である、という前言語的に把握されるような知があった。本稿は、それを少しだけ言語化したにすぎない。「時間が解決してくれる」と口にする際に抱く、ある種の矛盾した感情は、時間のもつこれら二つの側面に由来している。またそれは、同時に私たちが、当事者にも傍観者にもなれない不確かな〈当事者性〉をひき受けようとすることをも示唆するように思われるのである。

最後に、もう一度、父と母について述べておきたい。先のような出来事は、私が青年になるにつれて無くなっていった。二人はもう四十年以上連れ添っている。父は私に社会に目を向ける重要性を教えてくれたし、いまは母を大切にしているように思う。母は人間の弱さが強さに転じる可能性を教えてくれた。かけがえのない二人に感謝しておわりたい。

註

1 楽しい時は速く、退屈な時は遅々として進まないといったように、私たちも日常のなかで、感情が打つ時を生きている。それが何気ないものにとどまるのは、暮らしのなかで感情が移り変わり、穏やかな波のように次の拍が打たれていくからであろう。しかし例えば、第二次大戦帰還兵たちが、自らの見た光景に〝二千光年の眺め〟と名づけ、目を見開き続けていたというように（Herman 1999: 63）、ときに生の脈拍は、意識を釘づけにするほど強く、けれども永遠のように終わらない一拍さえ打つこともある。

2 自転車（＝世界）を例にしよう。補助輪なしではじめて自転車に乗るとき、私たちはまず、それが与えてくる、あるという全体的な肉感を分節化し、ペダルやハンドルにそれぞれどれだけの力を乗せればバランスを保てるのか試行錯誤する。そして段々、それぞれの感触が身体に図式的に身につき、自転車（＝世界）は自らの身体の一部のように馴染み、いつのまにか何も考えずとも、〈いままで〉と同様に〈いまから〉も乗りこなせるようになっていく。

4 〈私〉を揺さぶる他者を前に
——調査者（聞き手）が語り手になるとき

宮下阿子

旅は、自分自身の苦しみが他者の苦しみに触れ、かつ他者の苦しみによって触れられていることを学ぶ過程である。「人と人との間」は、苦しみが自己と他者とにかかわる呼びかけと応答になる時、開かれたものとなる。

——A・W・フランク『傷ついた物語の語り手』

I——他者との出会い、応答する〈私〉

自分の経験を語りえずにいる者が、他者の経験を聴きとることは可能だろうか。

これは、私自身が〈当事者〉として調査に臨み、研究という営みに身を投じる中で反芻してきた問いである。当事者とはいえ、私はやはり研究者である。インタビュー調査では、語らせ、聞き取ることを相手に強いる存在となる。そしてまた、調査で出会う当事者たちも、一人一人が個別の他者である。たとえ、私が当事者であるとしても、私自身の苦しみと別の当事者の苦しみとは、決して同じではないだろう。[1] 当事者という言葉は、非当事者との関係性の中で意味をもつ。したがって、〈私〉と〈あなた〉として向き合ったとき、〈私たち〉は、お互いが何がしかの苦しみの先に、それを呼びうる同じ言葉にたどり着いたという意味で〈当事者同士〉にすぎない。〈私たち〉の場合は、それが「摂食障害」という病名だった。

私にとって、〈当事者同士〉としての出会いは他者との出会いであり、冒頭の問いは、そうした他者を目の前に、否応ない応答として立ち上がった問いである。私自身が、まだ当事者として自分の経験を語りきれずにいることは、研究それ自体とは関係ないことかもしれない。しかしながら、〈私〉を揺さぶる内なる声は、見過ごすことのできないものとして、今も、常に、そこにある。

ここでは、否応なく応答してしまった〈私〉と向き合う作業をしてみたい。調査では、依頼の段階であらかじめ私が〈当事者〉であることを相手に伝えている。そのため、インタビューはしばしば語り合いとなり、ひととおりやりとりを終えてから、聞き手と語り手を交代することがあった。本来、聞き手である調査者が、他者を目の前に語りを促されたとき、そこでは何が語られるのか。以下では、調査の中での「私《調査者》の語り」と、この場で記していく「私《当事者》の体験」をもとに、「私《研究者》の研究」にかかわるいくつかの論点を提示したい。そのことが、ひるがえって調査／研究者の生きられた経験について、その意味を問うことへと繋がればいい。

II――「摂食障害」と呼ばれる出来事

摂食障害は、一般的に「拒食症」や「過食症」と呼ばれている。拒食や過食それ自体は、必ずしも病的なものであるとは限らない。食べないこと、食べられないこと、食べ過ぎることは、日常生活の中でよくあることだ。その延長線上に、摂食障害と呼ばれる出来事があるとして、それが病的なものとされる「境界」はいったいどこにあるのだろうか。さしあたり、診断基準がその役目を担っている。個人によって、診断をきっかけに病識を獲得していく場合もあれば、病感があって受診に至る場合もあるだろう。自己診断にとどめておくという選択肢もありうる。病名に抵抗を感じる場合もあれば、逆に、病名を得ることで安心する場合もあるだろう。実際の調査でも、摂食障害という病名が自分の経験と結びつくまでの過程は各人各様であった。

私自身は、季節の変化を身体が感じとるように、あるとき気づけば摂食障害と呼びうるものの渦中にいた。自己診断が良いか悪いかはさておき、当時、誰かに指摘されたわけでも、診断を受けたわけでもないが、それはどうしようもなく摂食障害と呼ばざるをえないものだった。以下に記していくことは、疾患の一症例でも、病いの語りでもない。私の「生」のごく一部を回想したものにすぎない。無責任なことを言えば、もしかしたら私は摂食障害ではなかったのかもしれない。その可能性も含めて、摂食障害と呼ばれる出来事とは何か、少しだけ思い巡らせてみてほしい。

インタビュー調査の中で、私は次のように語っている。

調査者：私は過食嘔吐だったんですけど、一日一回過食嘔吐してて、夜に買い込んで、一人暮らしだったので、過食して嘔吐して下剤飲んで、だから次の日の午前中はもう死にそうで動けなくて、でも大学があって、運動部に入ってて

（……）それにはどうしても行かなきゃという気持ちがあって、午後から部活に行って（……）帰ってきたらお腹が空いているので、また過食して、その繰り返しをずっと続けてて、なんか、地獄でしたね。［2010.10］[2]

当時、人並みにあらゆる悩み事はあったし、人並みにもう少し痩せたいという気持ちもあった。それなりに生きづらさと呼ばれるものを感じて、自分のせいにしてみたり、誰かのせいにしてみたり、世の中のせいにしてみたりした。それらを摂食障害の物語として繋ぎ合わせることは、それほど難しいことではない。本やインターネットを開けば、いくらでも〈プロット〉を手に入れることができる。そのどれもがそれらしく、説得力を持っており、充溢する言説空間の中であがいている自分がいた。病院には、何ヶ月も経ってから一度だけ足を運んだ。治療を望んだわけではない。何かが変わるのか試してみたかったのだ。とはいえ、おもて向きはごく普通の大学生で、一人暮らしをしながら過食嘔吐を繰り返す毎日に、通院を継続する余力は残っていなかった。処方されたＳＳＲＩ[3]も睡眠薬も、ためしに飲んで、すぐにやめてしまった。毎日は「なんか、地獄」［2010.10］だったけれども、もう一度病院に足を向ける理由は見つからなかった。

どうして私は摂食障害になったのか。たとえば自分の生活史をひも解いていく先に、それに答えうるヒントが隠されているかもしれない。そのことに意味がないとは思わないけれども、この場では立ち入らないでおこうと思う。摂食障害の原因は、これまで「個人」や「家族」や「社会」の問題として語られてきた（中村 2011）。けれども、実際に私たちが摂食障害になる経緯はさまざまで、何より私自身が、まだ私にとっての〈原因〉が何であったのかを上手く語れずにいる。そこで次節では、摂食障害の原因を探っていくことや、その専門的な解釈からはひとまず距離を置き——病名をいったんはずし——、過食嘔吐という出来事それ自体をふり返ってみたい。そこではさしあたり〈私〉と〈食べもの〉が登場人物となる。

Ⅲ——〈私〉と〈食べもの〉

チョコレートは吐きにくい。口の中に放り込んだチョコレートは、いつ〈私〉になるのだろう。唇を割って入れば、もう〈私〉の一部なのか。舌の上で転がされ、噛み砕かれ、少しずつ溶けながら〈私〉になるのか。それとも、胃袋に入るまでがチョコレートなのか。消化されるまではチョコレートなのか。もしまだ〈私〉でないとすれば、それを取り出すことは可能だろうか。嘔吐し、目の前に吐き出されたそれは、まだチョコレートだろうか。それとも〈私〉の一部だろうか——。私たちは、普段「食べる」ということを、どれほど意識しているのだろう。そこにどのような意味を見出しているのだろう。普通に食べるとは、どういうことだろうか。

先述のとおり、私が繰り返していたのは過食嘔吐だった。どちらかと言えば「吐くために食べていた」[2010.5]。吐くことで身体の中を洗いたかった。お風呂で身体を洗うように、〈私〉の内側を洗いたかったのだ。そのためには、身体の中から何かが、それもなるべくたくさん出ていく実感が必要だった。〈食べもの〉が食道を行き来していく。〈私〉の内側をごしごしごし擦っていけば、そのうち透明になれるような気がした。透明になって、自分の存在を誰にも知られたくなかった。どうしてそんなことを考えていたのか、今も、まだよくわからない。とりあえず確かなことは、食べ過ぎたら吐けばいいという単純な話ではなく、ただひたすらそうせざるをえなかったこと。「わからなさ」と「どうしようもなさ」を抱えながら、そこにしがみつくしかなかったこと、である。

過食嘔吐は誰にも見られてはいけないことだった。だから外ではできなかった。友だちと一緒にいるときは、普通にごはんを食べた——腹に溜まった洗濯物は家に帰って洗えばいい。帰り道、買い物かごにいっぱい放り込んだものは、キッチンに向かうことなく、そのまま身体の中へと収納されていく。あとで取り出しやすいように。どこに、何を入れたのかわかるように。すべてを収め終えたら、上体を抱えて、ずるずるとトイレまで這っていく。何度も何度も嘔吐して、身体の中を水ですすぐ。仕上げに下剤も投入する。家の中に〈食べもの〉は置かない。それらはいずれ〈私〉になるものだ。そう考えると、自分の臓腑があちこちに転がっているようで、そのままにしておくことはできなかった。

広い意味での食をめぐる出来事は、さまざまな境界上でやりとりされる——身体の内と外、生と死、善と悪、自己と他者、安全と危険、等々（Lupton 1999）。そして、境界は常に揺らいでいる。たとえば、私たちは「まともな食事」というものを（少なからず）知っているが、何をもってそれが「まとも」であるかは容易に測ることができないだろう。また、食には、栄養以外にもさまざまな目的や意味が添加されている。もちろん、私たちの感情とも深く結びついている。食と感情は、そのどちらもが「いやおうなく自らの身体を」、〈私〉が身体であることを思い起こさせる（Lupton 1999: 49）。

感情や、暴飲暴食に「身を任せる」という概念や、「抑えが効かない」という概念には、道徳くささが漂う。このようにコントロールを失うことは、「野蛮だ」とされる。純粋に自然に生じる「衝動」や「本能」の根底にある動物性が現れているからだ。(Lupton 1999: 49)

摂食障害と呼ばれる出来事も、このような食をめぐる出来事と地続きにある。しかし、他方でそれは病理の意味連関の中に取り込まれている。なぜだろう。摂食障害と呼ばれる出来事が、「まとも」「理性的」とは言えないからだろうか。個人や家族や社会の「問題」を含み込んでいるからだろうか。そうではなくて、少なくとも本人にとって——それが病理と呼ばざるをえない事態であるとすれば——、そこには何がしかの苦しみがあるからではないだろうか。だからこそ、誰もが苦しみから逃れたい、解き放たれたいと願う。けれども、それは「病気が治ること」とは少し違うようにも思われる。なぜなら、何がしかの苦しみは、必ずしも病理の内部にとどまらないからである。たとえば、E・レヴィナスは次のように記している。

> 苦しみという苦痛――この根源的受動性、無力、放棄、孤独――は、引き受けることのできないものでもあるのではなかろうか。このようにある秩序や意味の統一性に統合されないものであるがゆえに、苦しみという苦痛はある逃げ場の可能性、より正確に言うなら、嘆き声や叫び声やうめき声の通路であるような逃げ場の可能性なのではなかろうか。（Lévinas 1993: 131）

摂食障害という病名は、苦しみの理由ではなく、苦しみの先にある。そこにおいて、病名をいったんはずし、さしあたり食をめぐる出来事へと降り立ってみることは、病理の意味連関の中で苦しみを解釈することの〈保留〉を意味する。そのうえで、摂食障害と呼ばれる出来事に直面しているその人の、何がしかの苦しみを――拒食、過食、嘔吐、それ以外のこと、さまざまな関係性からの逃れられなさを――、その所在について考えてみることはできないだろうか。なぜなら、私たちは「食べるという行為を通じて、すでに数多の生命体や物質と関係性を持っている。（……）物質的レヴェルでも、社会的レヴェルでも、あらゆる関係性の中に逃れようもなくおかれてしまっている」からだ（雑賀 2008: 24–6）。

さて、先にも記したように、苦しみが取り除かれることと「病気が治ること」とは、必ずしも同じではないだろう。それはたとえば〈回復〉をめぐる逡巡としてあらわれる。次節では、その点を見ていくことにしよう。

Ⅳ――〈回復〉をめぐる（私の）逡巡――過食嘔吐のそのあとで

私が過食嘔吐を繰り返していた期間は二年半ほどだ。その中で、はじめて「とりあえず治さなきゃというか、どうにかしなきゃ」［2010.10］という気持ちが芽生えたのは、「就活」の二文字が頭をよぎり始めた頃だった。当時ドラマ化された『働きマン』を家で観ながら、「このまま就職しても身体がもたない」［2010.10］と悟った。あるとき過食嘔吐に疲れて、手っ取り早く血を抜こうと献血に赴いた。けれども事前の血液検査で足止めをくらった。ヘモグロビン不足だ。当然だ。とはいえ、たったそれだけのことでも、身体の不調を数値で示されるとインパクトがある。どうすれば過食嘔吐が止まるのか、考えるようになった。

一年後、「働きマン」ではなく、大学院生になった。「それを機に引っ越して、不安になるような要素は全部排除して、とりあえずこの二年間は自由にやろうと思った」[2010.10]。貧乏な大学院生活のおかげで、過食に費やすお金がなくなった。数日絶食してから過食をしても、引っ越した先の狭いトイレでは今までのように吐くことができなかった。かわりに下剤の乱用は続いたが、期せずして過食嘔吐の二年半には終止符が打たれた。また、良くも悪くもひきこもりがちな研究生活で、他者と接する機会が圧倒的に少なくなり、余計な気負いがなくなった。「もう面倒くさいからこのままでいい」。「ある日、特に考えることをしなくなって、（吐かなきゃという気持ちも）気づいたら止まっていた」[2010.5]。

Bさん：（過食嘔吐が止まって一年後の）今はどうですか？

調査者：今は、たまに過食と下剤乱用で、吐くことはしていなくて、私はほんと嘔吐がひどくて吐くために食べていた感じだった。（……）それがしんどかったから、吐かなくなった時点で、すごく身体が楽になって、（……）もう自分では「あ、これ治った」と思っていたんだけど、そう簡単には…。で、過食の衝動はおさまらなくて、まだたまにやっちゃったりするんだけど[2010.5]

さらに数ヶ月後には「過食の衝動」もなくなり、「もしかしたら、またこの先どこかで〔過食嘔吐に〕なることもあるかもしれないけど、自分では、多分、もうならない」〔2010.10〕と思うようになった。しかしながら、それとは別のところで、「もう治った⇔まだ治ってない（かもしれない）」という〈回復〉をめぐる逡巡を繰り返していくことになる。それは何によるものだったのか。

一つは、〈なごり〉がもたらす逡巡である。

調査者：なんか自分では治ったと思っても、身体はもとに戻ってなかったりするじゃないですか。一年前とか半年前とかに、「ああ、もう治ったわ」と思っても、それから何ヶ月か経って、もう一度ふり返ってみると、「やっぱりあのときは、まだ身体の方はもとに戻ってなかったなあ」とかわかるので、まあ、何をもって回復なのかはよくわからないですけど。

Cさん：そうですね。症状は全然もうなくなって、何年も経っているんだけど、私はまだ回復していませんっていう人もいるし、（……）ときどき食べ吐きはしちゃうけど、私はもう回復していますっていう人もいるし、ほんとになんか

人それぞれですよね。［2010.10］

身体はもとに戻ってないという〈なごり〉の感覚は、体調以外にも、食事や習慣の中でふとしたときに気づくものだ。たとえば、過食をしなくなり、ましてやダイエットをしているわけでもないのに、食事は一日一食が当り前になっていた。身体の中に〈食べもの〉があると不安で、使用しなくなった下剤をいつまでも持ち歩いていた。「3・11」のあとには、がらんとしたスーパーの店内で、食料を常備できない自分に動揺した。そして毎日、自分が透明になったときのことを考えて、身辺整理をして出かけていた。それらが、少なくとも本人にとっては、摂食障害と呼ばれる出来事の〈なごり〉として、〈回復〉をめぐる逡巡を呼び起こした。

もう一つは、〈新奇な出来事〉がもたらす逡巡である。数年後、再び調査でお会いしたとき、「なんかはっきり治ったと思うようになって」と語ったCさんに、（いくつか思い当たることがあり）「感情とかって出せるようになりましたか？」という質問をしたところ、「PTSDまではいかないけれど、それに似た不安定な状態」があったことを話してくれた［2013.8］。そのあとで、私は次のように語っている。

調査者：私も、実はそういう時期があって、それこそ去年一年間そんな感じで、その前は（……）まだ食が、今より全然不安定で、そのあと食が不安定じゃなくなって、普通に人並みの食事ができるようになってきて、その頃に、今付き合っている相手に、まあきっかけはいろいろなんですけど、何かのきっかけで、フラッシュバックみたいな感じで、ウワーって何かが出てきて、当たり散らすみたいな（笑）。で、すごいぶつかるっていうか、パニックみたいになっちゃって、泣きわめいたり、殴りかかったりするときがあって（笑）。
［2013.8］

なぜ泣きわめいたりしたのか、それが怒りなのか、悲しみなのか、恐怖なのか、自分でもわからなかった。何が引き金になったのかも曖昧で、ただひたすら名づけがたい感情に翻弄される自分がいるだけで、「わからなさ」と「どうしようもなさ」に満ちている。その意味では、どことなく過食嘔吐に似ていたが、感情的であることそれ自体は、とても新鮮な出来事だった。実際のところ、この〈新奇な出来事〉が摂食障害と関係があるかどうかは定かではない。しかしながら、これまでの経験との連続性の中に位置づけられていくことで、それが〈回復〉をめぐる逡巡を呼び起こす契機となっていた。

これらに加えて、もう一つ、私にとって〈回復〉をめぐる逡巡を呼び起こした出来事があった。それは次節で記すように、語り手としての〈私〉になることで、はじめて気づかされたことである。

V――語り手としての〈私〉になること

研究を始めた頃の私は、過食嘔吐という〈私〉と〈食べもの〉の閉塞的な二者関係から一歩抜け出したばかりで、そこで起きていた出来事（経験の断片）については、比較的饒舌に語っていたように思う。けれども、それらを経験全体として、私自身の生活史とともにふり返ろうとすると、とたんに自分の経験から距離が取れなくなり、語り出すことが難しかった。

調査者：私、今〈治っている〉にもかかわらず、しかも自分がこうして、今、インタビューしている側であるにもかかわらず、自分が話すとなると、泣いちゃいそうになったりとか、顔が引きつったりとか…。全然、話せることは、話していいと思っているんですけど、いざ話そうとなると怖くて話せないんですよね、〈治っている〉にもかかわらず。［2010.10］

調査協力者に「私も当事者で…」と打ち明けることは、「あなたの場合はどうですか？」と尋ねられる可能性を、調査者の側に予期させる（実際に尋ねられるかどうかは別として）。聞き手と語り手が反転することで、相手に向けられた質問は、自分自身へと差し戻される。〈当事者同士〉という関係性の磁場の中で、〈 〉付きでない、本当の当事者を前にしての呼びかけと応答が、〈私〉の語りえなさを引き出し、同時に、語り出すきっかけを作り出している。

ここでの「語りえなさ」には二つの意味がある。一つは、私自身の問題として、「よくわからないから」、「上手くことばにできないから」、「（怖くて話せないといった理由で）語り出せないから」という意味での語りえなさである。それは、言い換えれば「混沌」（Frank

2002）としての語りえなさであり、言語化できないこととそれ自体が、〈回復〉をめぐる逡巡を呼び起こすきっかけとなっている。「混沌の語り」について、A・W・フランクは次のように記している。

> 混沌の語りは常に語られた言葉を超えて存在する。したがってそれは、語られた言葉の中には常に欠落している。混沌は、決して語ることのできないものであり、語りの中に穿たれた穴である。（Frank 2002: 145）

「混沌」は、私だけのものではない。今、摂食障害を生きている調査協力者たちの語りの中にも穿たれている。もう一つの語りえなさは、そうした本当の当事者を前にして、「研究者でもある私は、当事者としての言葉を語り出していいのか」という問いの下にある。しかしながら、他方でそれは「当事者でもあることを表明しておきながら、私だけが語らずに済まされるのか」という別の問いを引き出していく。両者のせめぎ合いの中で、おそらくはどちらを選択しても問いは続いていくのだろう。

研究者としての「私の研究」に当事者性が反映されることと、当事者としての「私の体験」を言語化することとは意味が異なる。両者はどこかで切り離されていく。研究者でもあり当事者でもあること、摂食障害と呼ばれる出来事、さまざまな物語の〈プロット〉、何がしかの苦しみと病理、〈回復〉をめぐる逡巡、等々――おそらくは、その曖昧さゆえに切り離されていく生きられた経験は、他者との出会いの中で、〈私〉を揺るがす問いとともに息づいている。

註

1 今尾真弓によれば、「研究者における当事者経験・立場が、対象者のそれと共有されるという現象は、必然ではなく、起こり得る一つの『可能性』の範囲を越えない」（今尾 2007: 85）。このことは、私自身も調査を経て改めて気づかされたことであるが、他方で調査の前にすでに予感していたことでもあった。なぜなら、まだ研究を始める前に、一当事者として自分以外の当事者たちに、本やインターネットの中で間接的に出会っていたからである。

2 インタビューの内容は調査協力者の許可を得て録音し、逐語的に起したものを資料とする。語りの引用箇所には、［ ］内に調査の実施年月を記している。

3 選択的セロトニン再取り込み阻害薬。抗うつ薬の一種。（ ）は筆者註。

5　喘息児としての私——感情を生きもどすオートエスノグラフィー

岡原正幸

Ⅰ——はじめに

ここに再録しようとしているのは、二〇年前に僕が書いた「家族と感情の自伝——喘息児としての《私》」という文章である。二〇年前の僕がさらに遡る数十年前の自分自身をテーマにして、家族や持病をめぐる自分の感情や思いに焦点をあてて書き出したものだ。

これを書くにあたって、できるかぎり自分に課していきたいことがある。それは、書くという行為において私の迷い、疑い、居心地のわるさなど、ふつうなら対象化する作業のなかで切り捨てていく部分をあえてあらわしていくことである。そのわけは、「感情」と「家族」という二つの要素に、私が距離をとれない、いや、とりたくない、

と思っているからである。(1995: 60)

この言葉に現われているように、科学的な接近が生み出す「距離」なるものに対して、当時の僕は嫌悪感をもっていた(もちろん今も)。その嫌悪は、対象化することで一般化されつつ普遍的なものにまつりあげられる、「この私」の感情や経験が「この私」のものではなくなること、整頓され分類され説明され、何かを綺麗に取り除かれてしまうこと、そんなことへの嫌悪だったろう。

そしてもうひとつ、社会調査という行為の中で、他の人々の感情や経験に対して同じことを、調査する存在である自分が侵しているのではないか、という自己嫌悪でもあった。たとえば、障害者への聞き取りや参与観察を土台にした『生の技法——家と施設を出て暮らす障害者の社会学』(藤原書店　初版一九九〇年)という書物を書きながら、常に自分に問い返さざるをえなかったものもそれである。だから、その本の書評のひとつで(初版への書評一九編の内のひとつ)、健常者が障害者を「利用」したと言われた時には、見透かされ感があった。もちろん、障害当事者の安積さんと一緒に著したり、随所にそのことを配慮した本づくりであったはずなのだが、その意味で反論も可能だったのだが(共著者の立岩真也はそうしている)、最も言われたくないその一言は僕にとって大きく痛かった。

二〇年前の僕は、この嫌悪感から逃れるために、手法として、結果的にオートエスノグラフィーを採用した。結果的というのは、執筆当時はオートエスノグラフィーという認識よりも、「感情的社会学」、演劇や詩という形式でアウトプットすることで、感情社会学を批判的に捉え返したエリスに着想をえた「自伝的反省」として書かれているからである。もちろんその後の展開をみると、こうした感情的社会学の試みは、アートベースの研究であり、また、エリスがデンジン編『質的調査の方法』でオートエスノグラフィーの項目を著しているように、あるいは井本由紀が僕のこの論考をオートエスノグラフィーとして紹介するように(井本 2013: 108)、そもそもオートエスノグラフィーとも交差していた。

自己エスノグラフィーの実践者は、……自らの個人的経験の社会的・文化的諸側面へと外から迫っていく。そののち、そうした経験の内面へと迫り、文化が提供する慣習的な解釈のあり様によって動かされたり、またそうした解釈を促進したり変形したり差し止めたりする、ヴァルネラブルな自己というものを開示する。(Ellis & Bochner

2006: 136)

オートエスノグラフィーのテキストは、小説、詩、戯曲、フォトエッセイ、随筆、日記、社会科学的散文などといった多様な様式をとるが、意味あるオートエスノグラフィーに欠かせないとエリスが言うのは、感情的想起という方法で、実際に体験した現場に生々しく立ち戻り、経験された感情を生き戻すことである。そしてつぎに、その現場を離れ、感情が高まっているうちに書く。その繰り返しを彼女は求めている。方法というと、なにか技巧的な気もするが、むしろ、自分の過去の経験を書き記す作業がうまく行っている時に起きているのが、この繰り返しだと思えばいい。

さて、先の嫌悪感に戻ろう。自分を対象にしているのだから、他者を操作化することはないはずだった。しかし、他者抜きで自分の生を語れるはずもないのだ。自分を語ることはつねに他者を語ることでもあった。その意味で、困惑、逡巡、嫌悪は残る。しかし、生きられる経験や感情を、読者がより想像しやすく、より接近しやすく、より感情的に捉えることができるような表現を模索したことは確かだ。

二〇年前の僕が自分の幼少期を想起しつつ描いたエスノグラフィー。その舞台は、小児アレルギー性喘息を患う《私》の家族だった。

II——喘息児という《私》

ゼーゼー、ゼーゼーという、胸の奥底からか、背中の肩甲骨あたりからか、喉や首筋からなのか、なんとも形容しがたい不気味な振動音がする。いやむしろ、からだ全体を震わせつつ鳴り響く音。音源である私は、吸うばかりで吐くことのない息にもだえる。からだのそこここが痛い。真っ暗闇の世界が電球に照らされ、ブルブルと上下に震える影を自分だと知る。そしてそこには小さな背中をさする手があった。母と父の暖かい手のひら。

「平気?」

「大丈夫、しっかり、しっかり」

「苦しいよね、おなかで息をして」

親の呼びかけに、答えることもできない僕は、ただ、ゼーゼー、ゼーゼー。

小児アレルギー性気管支喘息を患っていた《私》を記憶から掘り起こして、やや回顧的に、ノスタルジーまで含めて浮かんでくる像を自由にあらわすとこうなる。

1．小児アレルギー性気管支喘息

小児アレルギー性気管支喘息とは、当事者からすれば疾患による身体的な苦痛だけではなく、不安と恐怖と苦しみと負い目を経験する病であった。

医学的には、「気管および気管支の反応性が亢進しており、諸種の刺激に対して広範な気道の狭窄を生じて喘鳴、咳嗽、呼吸困難などの臨床症状を呈するが、その気道の狭窄が自然にかあるいは治療によって変化する疾患」が気管支喘息であり、その成り立ちがアレルギーのメカニズムによる場合、アレルギー性気管支喘息となる。臨床症状は「発作的に胸部の圧迫感・咽喉の閉塞感、咳嗽、くしゃみ、鼻汁などに続いて、喘鳴を伴った呼吸困難の状態に陥る。呼吸困難が激しくなると、起座位をとり、発汗し、チアノーゼを呈する」「心理的因子の関与が大きいものに、過呼吸や咳嗽から始まるものが少なくない」（『心身医学——基礎と臨床』石川中・末松弘行編　朝倉書店　一九七九年）となる。

私は三、四歳のころからこの病気にかかった。発作はいまでも潜在的な脅威として自分に大きな影響を与えていると思う。なんであんな病気に苦しめられなければならなかったのか、いまも恨めしく思う。最近は、めったに喘息らしき息づかいさえもしなくなったが（呼吸を乱すような激しい運動をしなくなっただけかもしれないが）、大学院生時代には、かなりひどい発作を経験していた。

喘息の記憶――打ち消してしまいたいが、ふり返れば、それがいかに鮮烈な感情的体験とともにあったのかがわかる。それらの体験を記憶の痕跡からすくい上げることが以下の叙述である。それは私の記憶であり、私の過去のできごとであるとともに、私の両親や弟を含めた私の家族の記憶であり、家族の過去のできごとである。家族とのかかわりがどうしても深くなっていった、主に小学校時代の記憶にさかのぼろう。

小学校一年の私の家族は典型的な核家族だった。三三歳の父親、電気部品を製造する従業員数二百人程度の中小企業を経営していた。三歳下になる母親、いまで言う専業主婦である。三歳の弟。自宅は東京の世田谷区赤堤にあり、たしか父親の工場は、小田急線の駅で自宅のある豪徳寺よりひとつ多摩川よりの、経堂という場所にあった。

私の喘息の発作は、幼稚園に通っていたじぶんに始まったらしい。けれども、そのころの喘息発作の直接の記憶はない。あるのは、もちろん後で聞かされたのだろうが、喘息の発作を頻発したために、ある小学校を受験できなかったという話である。たしかにその幼稚園では、多くの園児が帰宅した後に、何人かの子供だけが特別に残って勉強らしきものをさせられていた。私もそのひとりであったが、記憶にあるのは習字をしている自分のうしろ姿だけである。

これからの叙述もその生活史的な時間区分はあやふやである。調べれば判明するだろうこともあるのだが、ここでは感情的な記憶のつながりに焦点をおきたいので、細かな実証的な手続きはすべて省くことにする。

喘息の治療については、後でも述べることになるが、私が受けたのは発作のさいに受ける対症療法と、アレルギー性の慢性疾患としてのそれに対処する療法であった。後者については いまふれておこう。

いまはもう覚えている人も少ないだろうが、新宿から市ヶ谷を経る都電と呼ばれる路面電車が走っていたころである。トロリーバスもあった。その都電に乗って、九段坂、いわゆる靖国神社のところだが、そこにある総合病院に通院していた。自宅からは相当の距離である。道路が混んでいたら二時間近くもかかる。にもかかわらずそこに通院していたのは、その病院に小児アレルギー科が、たぶん当時としては非常に珍しかったと思うが、設置され、中山先生という専門医が治療にあたっていたからである。

発作を起こしている私は、豪徳寺の駅の階段も、都電のステップをあがるのも、二階にある小児アレルギー科にあがるのも苦しかった。もちろんタクシーでいったことも、低学年のころには自家用車で運ばれていったこともある。でも、苦しみと、ゼーゼーさせていることで自分がまわりのひとに覚えた恥ずかしさは、呼吸困難とあいまって、いつも私をうつむきかげんにさせていた。だから不思議と階段のイメージが結びつく。苦しさと喘鳴がより増したように感じられたからかもしれないが、それはいつも上り階段だった。

さて、治療方法についてだが、それは減感作療法と呼ばれるもので、アレルギー性疾患一般に使われる。まずそのひとが敏感に反応するアレルゲンを確定する。そのためにはからだ一面に何十もの抗原（ハウスダスト、タマゴ、牛乳、雑草のブタクサ、蕎麦殻など）を注射しなくてはならない。からだのいたるところに注射されるのだが、不思議と痛くはなかった（注射というより、針で傷をつけるような作業だった）、むしろ小さな子供のからだに蜂の群れのように針が刺さるのを見て、痛い思いをしていたのは母親だったであろう。

注射して反応すれば、つまり大きく赤くはれれば（精密な器具でミリ単位で測定される、その金属のヒンヤリした冷たさ）、抗原が確定される。治療はこれからが本番である。確定された抗原を、最初は非常に薄めて、定期的に注射する。それは近所の佐竹医院（母親のような女医さんだった）でしてもらった。下校後すぐに（だから学校に残って遊ぶ機会は少なかったのだが）、週三度は注射を受けにいく。回数を重ねるごと徐々にその濃度を高めていくわけである。こうして喘息を誘発する抗原への私の感受性を減じていくのである。

発作の兆候と不安

発作は突然やって来る。だがそれはうそだ、二重の意味で。それは突然に身体を襲う激変ではない。予兆としてのからだの異変と、不安という気分に、私がいつでも浸っているからである。発作の前には、微弱ながらも身体的な兆候があり、それを知る。息が荒くなる、喉が詰まるようになる、せきが出る、痰がからむ、呼吸の間隔が短くなり、回数が増加する。そうなれば次にやってくるだろうからだの反乱を私は知っていた。私だけではない、母も父も知っていた。

とりわけ、私が目覚めている時でなく、就寝時には、自分のかたわらに眠る子供（幼稚園児の時までだったが）の呼吸の仕方に、親たちは微細な変化を感じとろうとしていたと思う。だからなのか、そして実際にそうだったかは別として、私はいつでも自分の活動やしぐさやまなざしまで親に注意深くみつめられていたような気がしていた。守られつつ、見張られつつ。

身体的な兆候に気づくことで登場する感情があるとすれば、それは恐怖だった。とても恐ろしかった。強烈な苦しみの襲来が怖かった。またあんな状態になってしまうのか、今度は発作が治まらず、そのまま苦しさや痛みがずっと続くのではないか。逃げることも立ち向かうこともできない自分自身の機能不全が襲いかかってくる。

とはいえ、この恐怖の記憶は根深くない。なぜならその感情は一瞬で消し去られたからである。呼吸困難というからだの生死にかかわる変化が、感情を消去することになるからである。というか、意識がもうろうとするし、意識が自分の気持ちという内面などに向いている余裕はないからである。

知覚のすべてが、自分の狭まる気管と、それによる肺活量の減少を補おうとして大きく懸命に上下に動く身体をめざすからである。ただ実際には大きな上下動ではなかったようだ。むしろヒクヒクと痙攣するような震えで、胸だけが呼吸しようとして、腹が動かない、つまり横隔膜が上がったり下がったりしないので、呼吸の規模は小さくなる。皮肉なものだ、全部の知覚を呼吸に向け、自覚して一生懸命に呼吸しているつもりが、逆効果をまねいていたのだから。

そのような大発作には、ひどい場合には病院での処置が施されたが、自宅で対応できる処方箋もあった。緊急の対処法は三つあるいは四つあったように思う。

なにか非常に小さな「心臓に危ないから飲みすぎてはいけない」と親が言っていたタブレット、たぶんステロイド系の飲み薬だろう。それは母が管理していた。よっぽどの場合だけその錠剤が半分にされて私の口に入れられた。かなり効きめはあったが舌にこびりつくその苦さを忘れてはいない。

次に〈メジヘラー〉（メディカル・インヘーラー医療用吸入器の略称）と呼んでいた気管支拡張剤、片手におさまるぐらいの大きさのクリーム色のプラスティック製で、中に薬剤の入った小さなボンベを入れ、その頭を指で押し込むことによってスプレー式に薬が噴射される。たしか二回続けて使用することは禁じられていたが、発作が治まらなければ仕方がない（そもそも呼吸困難の状態だから、吸い込むことも大仕事だった）。そして二回続けて吸入すると、心臓が口から飛び出さんばかりに脈動した。

自分のからだの内側にある臓器がひとりだけ特別に動き始める異変は、正直いって驚きだ。恐ろしくもある。ちょうどエイリアンの幼虫が孵化して、体内から皮膚を喰い破って出てくるような身体感覚である。だがそれよりも、その驚きや恐れは妙な考えを私に植えつけてくれた。呼吸が楽になるのと引き替えに、自分は死ぬのだと思ったのである。たとえいますぐでなくても、長いこと死は待ってくれないだろうと思っていた。

口から薬剤を吸入するのだが、発作が激しい時には、呼吸をコントロールできないために気管の奥まで吸い込むのが難しかった。とくに小さいころは、親が薬を噴射するタイミングと私が息を吸うタイミングが合いそこなうことも多かった。

そのころは親がメジヘラーを管理していたのだろうが、たしか小学校の中学年からは私自身が管理することになったはずだ。このメジヘラーの管理が私に思わぬ感情を経験させることになる。後で述べよう。じつはいまでもメジヘラーは常備している。

残りの方法は、酸素ボンベ、使われた記憶はないのだが、自宅の納戸には錆びた緑の冷たいボンベが置かれていた。それともうひとつ、むしろ予防的な使われ方か、もしくは発作がある程度治まってから使われたものに、喉に（たぶん微量の）薬剤を水蒸気と一緒に霧状に吹き込むガラス製の、なんと表現したらいいのか、理科の実験に使うような、そういった器具があった。

これらの緊急の対処で呼吸が楽になっていく、すなわち発作が治まるというわけだが、小発作ぐらいの苦しみはしばらく続く。ヒューヒューという呼吸音、少しは良くなったとはいえ、まだ息は苦しい。それにからだ全体に力を入れていたせいか、背筋、腹筋、手足や首筋などの節々が痛くて、だるい。そういう状態である。

そのとき、またもや自分の感情に目を向けることになる。あるいは自分のこころに気づくとでも表現したらいいのか。とにかく自分がどういう感情状態にあるのかを思い知らされるのである。それはちょうど大発作にいたらない小発作が継続する場合の気分とも共通する。いつでも自分の内面へとまなざしが向けられる、皮肉なことに、意識や思考が活動する身体的な余裕があったのである。

それだから、感情の次元では大発作より小発作（そこには大発作から移行する小康状態も含めるが）の方が、継続的で深層的な痕跡を私に残したように思う。

少し呼吸が楽になるということでの、よかった、助かったという安堵感はほとんど感じたことがない。すくなくとも記憶にはない。忘れてしまっているのかもしれないが、思い出せない。もしかしたら楽でたのしい肯定的な快感情は、こころに記憶の種になるような深みを残さないのかもしれない。

だが、かたわらにいる親はたとえ一瞬だったとしても安堵しただろう。呼吸ができずに苦しんでいるわが子が、少しでも楽に息を吐いたり吸ったりできるようになった様を見れば安心するだろう。それは覚えている。親の表情から息が抜けるのを。それを感じたときに私に流れたのは、「僕もいいことをしたんだ」という思いだった。発作が治まることは私にとって親孝行そのものだったのである。いま考えれば、変な話かもしれない。自分の身体が危機に瀕しているのに、その状態よりもまわりの親たちの気持ちの変化に注意がいってしまうのだから。それだけの心的な依存がそこにあったとしか言いようがない。親に気にいられること、それは生死にかかわる（発作に対処してくれる人が親だという、まさに字義どおりで）私の使命だったのである。

小発作の状態で脳裏をよぎる想念や気持ちは具体的でばらばら、むろんそのつどの場面で異なる。前に述べたように、電車の乗客にどう自分が映っているのかを気にすることもあった。でも発作の大部分は自宅で、それも子供部屋のベッドで深夜もしくは朝方に、ひとりぼっちのなかで起きるものだった。

どうなっちゃうんだろう、このまま普通の状態に戻れるのか、まだ苦しみがどんどんと増していくのだろうか、今日は一日どうすればいいんだろう、学校はどうしよう、休みたいけど、休んでいいのだろうか、母親は何て言うだろうか、薬はちゃんとあるだろうか、ゼーゼーから、ヒューヒューという音に変わった気管の振動を耳にしつつ、非常に具体的でこまめなことが、次々に湧き出してきたのである。

細かいことが次々につながって、その悩みと心配を増長させる。たとえば、今日学校に行かなかったら、あの図工の宿題はどうなるのか、いつ提出すればいいのか、先生に受け取ってもらえないかもしれない、せっかく途中までうまく描けていたのに、通信簿はどうなるんだろう、などなど。

これらの断片的な悩みの連鎖が全体として集まって形をなしてくる。それが焦燥感、あるいは、いわゆる不安と呼ばれる感情だったのではないだろうか。恐怖と不安を対象の有無で分けた有名な実存哲学者がいたが、不安に対象がないという言明には、私の内省からすれば、やや違和感を持つ。むしろ不安には過剰なほどまでの対象があって、それらが一瞬一瞬その姿をあらわしたり消したりするので、なにかはっきりとした輪郭を持ったひとつの対象に意識の焦点が絞られないだけのような気がする。

ひとつひとつの心配事が、未来の不確定なできごとにかかわっているため、それらについていかんともしがたい、解決も、解消も、特定の態度をもとることのできない状態に自分がおかれてしまう。そのとき、なにもできない自分の姿だけが意識の前面にせりだし、そこから生み出される気分が「不安」として感じられるのではないだろうか。

そういう感情状態では、えてして、自分を救ってくれる、助けてくれる他者の存在を忘れている。すべてが自分の責任であり、すべてが自分の世界だけに収斂してしまう。まちがいなく私はそうだった。だから、ひとつひとつ他者の反応を敏感に感じとり気にしてしまう自己とは、まったく別の態度、つまり、一切の他者を拒絶し、無視する、わがままな自己が首をもたげることになった。

両親にとってみたら、つらい体験だったろう。苦しむわが子へ救いをさしのべる手が、そのわが子から振り払われてしまうのだから。むごいことをしたと思う。

小発作で苦しんでいる私に行きつ戻りつ去来する不安とは別に、もうひとつの「不安」が、いつでも私を、あるいは私の気分や感情状態を縛りつけていた。

それは喘息の発作というできごとが、ある種の条件の下で起きることを知っていたからである。知識は感情を喚起する。さらに言ってしまえば、知識なしには感情が経験されたり、対象化されたりはしない。そして私の不安もある特定の知識が予期的に作り出していたのである。

知識としての発作条件の第一は言うまでもなくアレルギーである。アレルギー性喘息であるから、抗原のあるなしには注意を払わなくてはならない。この枕の素材は何だろう、あの草むらの植物は何だろう、かびは生えてないだろうか、この食べ物には何が入っているのだろうか、この部屋はきちんと毎日掃除されているだろうか、などなど。自宅では最大限の配慮ができるものの、友達の家に呼ばれたり、林間学校やスキー学校や修学旅行などの行事では、特別の扱いはされない。枕の中身の蕎麦殻は確認できるが、それ以外は難しい。身のまわりのものがいつ何時、凶器になるかもしれない。

気候も条件のひとつだった。季節の変わり目、春から夏へ、夏から秋へという、天候が不安定な時期に発作は頻発する。だから夏は嫌いだったし、いまでも嫌いだ。温度や湿度も関係する。風邪をひきやすい冬も例外ではない。風邪は喘息を大いに誘発した。たぶん、喘息の発作が比較的すくなかったのは、四月、五月、十一月、十二月ぐらいだったと思う。一年の三分の二は喘息の季節だった。

呼吸が乱れるような運動、たとえば急に走ったり、泳いだり、それだけでも喉の奥の方でヒューヒューという音を感じてしまう。「だめだ、発作かもしれない」という思い。するとそこにつけこむかのように発作がやってくる。激しい運動はそのまま発作に直結するように考えていた。

発作の条件を知れば、それを合理的にコントロールすることができ、安全確保や危機管理がまっとうされ、安心感をえられるはずだと、もし考えることができていたなら、心配や不安という否定的な感情だけを経験することはなかっただろう。むしろ、これなら発作は起きない、発作が起きてもこうすればいい、と考えて、世界に対して積極的に働きかけられたかもしれない。だが実際は違った。

条件の有無を確定することができない。どこにアレルゲンがあるか、疑心暗鬼は増すばかりだ。まして季節のように必ずいつかは到来する条件もある。それらを疑ったり、待ったりすること、いつでも自分のからだに目を配り、微細な変化を感じとること、そして必ず発作が起きることを知っていること、それらは私のなかで不安を醸成した。語弊があるかもしれないが、死刑執行を待ち、そのつど延期されるような感情体験である。

いつでも暗澹たる気分でおびえていたのである。ちょっとしたからだの異変に敏感に反応し、それが兆候として解釈され、来たるべき苦しみを予期して恐れる。それまでに経験してきた苦しみが一緒くたになって束になって立ちあらわれる。九段坂病院内のうす暗さ、壁の冷たさ、お尻に打たれる注射の痛み、診察までの憂鬱な待ち時間、「もっと（症状が）ひどくて、入院している子もいるんだから」という親の声、いろいろなことが思い浮かび、こころに流れ込んでくる。

ほこりだらけの記憶の蔵を棒でつつけば、塵と一緒に、まだまだ個別的な形象を思いがけずにみつけることができるだろう。でも、私の気をもみ続けていた不安の、だいたいのあらましはわかってもらえたと思う。小学生にしては陰鬱な気分で内にも外にも顔を向けていたような気がする。「なんてこった、もっと違う人生もあっただろうに」。

不安の感情共同体

では気分転換に、そういった不安や雰囲気にひたる事態がどうして成り立ったのかについて、別の角度から考えてみよう。その反省から、私の経験だけではなく、家族の経験というものが浮き出てくるように思われるからである。

不安の醸成や発酵、それはすべて、私が「なにかを少しばかり知っていること」によっていたとは言えないだろうか。いわゆる知識として持つことのできるなにかが作用していたのである。身体的な兆候や喘息に悪い環境とは何かであったり、発作の後はどうなるかへの予期であったりする。知りつつも、すべてその結果まで予測して知っているわけではない。必ず発作は起きると知っていても、ひたひたと押し寄せる足音を聞いているだけで、いつ起きるのかは確定できない。いわば可能性の世界だけをのぞき見させてしまうような形態の知識、その束が、不安の成立に一役かっていたのである。

そして重要なことは、そういったもろもろの知識は、私の心の内側でふつふつと湧き上ったり、私の前頭葉だけが記憶しているもの、つまり私だけが知りえるものとは断言できない、ということである。

いやむしろ、いずれも私自身のこころや大脳に還元できてしまうようなものではなく、ある範囲にいるひとたちなら知りえる、公共的な知識だと考えた方が適切ではないだろうか。喘息の発作や通院や医師の処方や家族での対応、そういった、喘息をめぐるできごとを積み重ねることでできあがり、蓄積される知識である。それはとりわけ、日常のさまざまな生活を共にする家族という範囲のひとたちには、ほぼ一致して共有できる日常的な知恵や常識、要するにその家族特有の「知識」だったと言えないだろうか。

だとすれば、自分の体験だけに準拠して叙述してきた私の感情状態は、同時に、母や父のそれでもあったかもしれないのである。

母や父も同じように、私の環境に気を使い、どうなるかを心配し、同じような不安を、もしかしたら子供の将来まで含めてそれ以上の不安を、基底的な気分として経験していたはずである。「いつまでこの子の発作は続くのだろうか」「ひとりでやっていけるのだろうか」「薬はちゃんと持っただろうか」などなど。

そこには家族の構成員のなかに、私の喘息を焦点にした不安の共有があったのである。不安の共有は、その不安を媒介にする感情的な一体性を家族のなかにもたらした。妙かもしれないが、不安の感情共同体とでも呼ぶべきものが形成されていたのである。家の隅々まではいつくばるような不安である。絡み合った不安の枝葉が、私と母と父、少したって弟をも、お互いに結びつけていたのである。

こうして、不安を共にすることが、私たちにとってひとつの家族であることとの存在証明になったのである。そして、各々がこの家族のひとりであろうとするかぎり、相互に不安を提示して、それを理解してもらわねばならなかったのである。

中心にいる私でさえ、発作という、存在証明のための直接的な武器を持ちながら、いつでも「不安」をわかるようなかたちで周囲に提示していた。

たとえば、小さいころの私はよく、父や母に耳を私の胸にあててもらい、兆候となる音を聞いてもらっていた。

「これなら大丈夫、喘息にならないから」と母が言い、「うん」と答える。

「発作が起きそうだから、薬を飲んでおきましょう」と言って薬をわたす母。「うん」とうなずく僕。

たしかにそのやりとりで、制御できない発作への不安がある程度は軽減される効果はあったかもしれない。「わからない」こと、自分ひとりでは「決められない」こと、それを親が肩代わりしてくれ、未知への不安や決断の重荷から私を救ってくれた。だがそれと共に、あるいはそれ以上に、私がしていたのは、自分がなにかしら不安な状態にあることを親にわかってもらうためのデモンストレーションだった。

私たち兄弟で、親戚の家に長期に泊まりにいけば、弟は兄に発作が起きないかを心配して、「喘息、大丈夫?」と声をかけ、私が「薬があるから平気だよ」と答える。両親については言うまでもないだろう。息子の胸に耳をあてる行為自体が不安の共有であったし、背中をさする行為も、私の学業を心配するのも、自分自身がみなと同じく、なにかを心配し、不安であることの表明であった。もし父が、母と私の前で「正幸の具合はどうなんだ、今度の旅行はやめておこうか」と言えば、それは父が不安を表明し、母と私がそれを理解し共有することであった。

あたりまえのような話だが、ひとつひとつの家族には、それぞれ種類の異なる感情によ る、たとえば、絶望、悲しみ、狂気、あるいは歓喜や憤怒などによる**感情の共同性**がある ように思える。

不安の共同体、そこには病者である私が親に依存する次元とは異なるところで、家族の ひとりひとりが、家族のひとりひとりであるために相互に依存し合っていたのである。

2. 傲慢な負い目

ふたたび、自己体験へ回帰し、不安に媒介された私の家族の感情的一体性に楔を打ち込 む契機を探ってみたいと思う。

発作は常日頃頻発するわけではないが、いつ起きるかもしれないという不安は継続的に 押し寄せ、それが「喘息」を常態化する。そもそも減感作療法のおかげで、一年中、週に 何回か医者にいって注射をしてもらっている身である。健康と言えるときでも、喘息の二 文字が**あたま**と**からだ**から離れることはないのである。言いかえれば「喘息児」というス ティグマを自分自身から、そして他者からも手渡されていたのである。

私はいつでも、自分は病気なのだというふうに考えていた。病気を自慢するほどの勇気はなかったので（ときに、喘息児は感受性が豊かで云々、というラベリングを聞くこともあったが）、なにかと身近に困ったことや問題が出てくれば、《自分＝喘息児》のせいにしていた。両親の喧嘩も、原因は犬も食わないぐらいだからいろいろあったはずだが、その光景を目にすれば、それを私のせいにした。

すでに述べた、不安ゆえの極端に揺れる人格や態度の急変、他者へのまったき依存から自分自身の世界しか見ようとしない自閉的で完結した世界への移行。その世界での心的態度がゆるやかに凝固していった帰結なのかもしれない。

家族の日常になんらかの異変があれば、それを「私のせい」にする。この傲慢なほどの負い目。そのような感情を打ち消すことなく実証してくれてしまうのが、これまた発作である。なにしろそれによって、家族のみんなの生活がその順調な流れを突然に停止させ、母親の家事も父親の仕事も弟の登校もペットの散歩までもが、歯車を狂わせ、私の喘鳴に同調していくからである。まさしく目に見えるかたちで、いろいろな異変を私のせいにしかしようがなかったのである。すくなくとも私にはそう見えた。

「もっとかまってくれ」という思いと「もうほっといてくれ」という思いがこだまして、

そのいても立ってもいられない気分に身をまかせたとき、負い目の感情は反転する。傲慢さが、ゼロサムゲームみたいに負い目を攻撃的な態度に変身させることもあった。なにもかも気に食わない、「平気」「しっかりして」と声をかけられるのも、息がしやすいように枕の高さを調節してもらうのも、なにもかもである。

ただ不思議なことに、背中や手足をさすってもらうような身体的接触にはそういった攻撃性を覚えた記憶はない。きっと、心的な世界では傲慢な転倒がなされたとしても、脆弱でさらに機能低下しているこの身体にとっては、他者からえられるだろう救いや手助けは断り切れるものではなかったのである。いや、たぶん、傲慢な負い目も自分への責任転嫁も、一見、自立的のように思えるが、底の浅いもので、その下を一枚めくれば、親をはじめとする他者への一方的な依存や甘えの上に乗っていただけなのだろう。そして私の意識はともかく、私のからだは、その根源的な事態を否定することなく冷徹に見据えていたのかもしれない。

いずれにせよ、すくなくとも意識の上では、発作が加速器となり触媒器となり、負い目と攻撃性のサイクルを無限に循環させるような状態だった。そしてまた、その循環はなかなか断ち切れなかった。

ここで思うのは、単純に私の負い目あるいは攻撃性が家族の感情的一体性をゆがめていくものだったとは言えないということである。負い目は、母にも父にも感じられていたらしいからである。

私が喘息になった理由をいろいろに説明する「儀式」が家にはあった。記憶にある最初の説明は「寝室にエアコンをいれたから」というものだったが、もともと医学的にも心理的要素云々が喘息発作には問われていたから、私が感じているだろうその心理的ストレスとは何かという犯人捜しの儀式は、それこそ年中行事だったのである。


父は言う「母親がしっかりしないからだ」。

母は言う「あなたが仕事で家に帰るのが遅いからだ」。

父「おまえが厳しく育てすぎるからだ」。

母「あなたこそ、パパが甘やかすからだ」。

その時々にどのようなやり取りがなされていたかは覚えていない。鈍くまた鋭い痛みをともなうような言葉が交わされていたことだけは身に焼きついている。


ただ、指摘しておかなければならないのは、どこかで感情的一体性が不安の共有という形式で（あるいは両親が相互に持っていたやさしさなのかもしれないが）存在していたからこそ、家族の各々がそれぞれの負い目を実際に自分自身でも感じていた、ということである。もし感情的一体性がなければ、自分のことをまったく棚上げにして、一方的な攻撃と相手への責任の押し付けで終わってしまっていただろう。心底、自分は悪くない、悪いのは相手だと思ってしまっていたかもしれない。

しかしながら、問題にかかわる全員が負い目を持つからといって、発作にまつわる不安の時のように、それぞれの負い目を全員で共有するのは難しかった。不安をめぐるできごとは、結局は、私の喘息発作という非常事態に収斂していくのに対して、負い目には収斂するべきひとつの場というものがなかったからである。むしろ拡散し着床していった。

なぜなら、各々がもつ負い目の理由はあまりにも具体的に違っていて、それをおたがいに了解するための知識が共有されていなかったからである。そういった個人的な知識をたがいに伝え合うコミュニケーションの場も、ダイニングルームに鎮座するブラウン管の吸収力を前に、十全に開かれることはなかった。負い目の理由が違うから、たとえば「おしめの仕方が悪かったんだ」という責めは母にしか向かないように、負い目の議論はいつも一方通行であったし、その時々には攻撃性がむき出しになることもあった。その上、自分ではわかっていても、なにかをひとに非難されたり指摘されるのはつらい。となると、相手の立場に立つなどとは縁もゆかりもない地平でやり合うことになる。

　こうして家族の各々がそれぞれに抱いていた負い目は、家族の各々を分割する働きをすることになった。すくなくとも家族関係に亀裂を生じさせる。そして負い目という感情のなかで各々が孤立していくことにもなった。

　私からすれば、その亀裂はふたたび自分の責任として戻ってくる。もし、その亀裂を一時的にでも修復しようとすれば、それは間違いなく喘息の発作という手段しかなかったのである。発作を経由する、一体性と亀裂の無限循環が私の家族のバイオリズムだった。

3.〈メジヘラー〉——自立の契機と挫折

　携帯用の気管支拡張剤〈メジヘラー〉の概要を説明したときに、その管理を誰がするかによって思わぬ効果が生じたことについてふれたと思うが、ここでそれについて内省的に考察してみよう。

　メジヘラーを管理する、つまり自分の手元において、誰の許可をえることもなく、発作に対して自分の判断でそれを使用することができるということである。私は、宝物のように枕の下か、もしくはベッドの木枠とマットレスのすきまにそれを入れていたはずだ。外出や外泊のときには必ずカバンのなかに入れておいた。宝物であることには間違いなかった。苦しみから自分を救う道具なのだから。

普通の発作の場合には、まさしく劇的に効果があらわれるために、この宝物が母の手元にあったころには、何度となく子供部屋から親の寝室へ向かった。だがその時の感情には微妙な影がさしていたように思える。わずか数メートルもない廊下をつたって親の寝室のドアを開ける。その行動が非常に重荷だったのを記憶しているのだ。ドアを開ければ、きっとからだは楽になれるはずなのに、私はできるかぎり自分のベッドで我慢しようとしていた。

「まだこの位の呼吸なら、平気だ、もう少しがんばらなくちゃ」。発作のそれ以上の悪化を抑えるために、息を大きくおなかでするようにして呼吸を整えようとする。親に気づかれないように、廊下の途中にある洗面所で水を飲む（発作のさいに水をたくさん飲むことを医師から勧められていたからである）。結果はすべて徒労だったように思う。発作は自力では治められなかった。

でもなぜか、親のところにすぐには行けない両義的な感情があった。暗やみのドアの前でしばらくたたずみ、むしろ親が戸を開けてくれるのを待つことも多かった。そのとき、喘鳴は意図的とも思えるように、しだいに大きくなっていった。

寝室の神聖性を幼子が感じていたというより、「また僕は悪いこと（喘息）をしてしまったんだ」という、なにかしらの罪悪感が作用していたように覚えている。それは前に述べた負い目や不安と一緒くたになって、私の行動を抑えつけていたのだろう。

メジヘラーの自己管理は、そのような罪悪感から逃れ、それ以上に身体的な苦痛から私を自分の手で解放するはずだった。発作が生じてもひとりですぐ対処できるとなれば、私の行動半径や行動深度を増すはずだった。

ともかく、ひとつの積極的な効果があったことは確かだろう。それは、《自己＝喘息児》という等式に、非同一性の契機を与えたことである。

プラスティックのちっぽけな容器を手にすることで、自分が能動的に喘息に働きかけることができる。いままで、一方的に襲われるだけで自分からは手の出しようがなく、救いをもたらすのは親や医師というほかのひとたちだった、という状況が、ある意味で一変したのである。喘息という事態にたいして、能動的に立ち向かう（十分に、とは言えないまでも）姿勢は、喘息をある程度は距離のある対象として見ることにつながった。それまで自分にべったりと貼りつけられていた喘息児というレッテルも、薄皮がはがれるように、自分の意識から遠のいていったように感じた。

メジヘラーを管理するという行為が、いままで喘息と同次元でしかなかった自己、つまりまわりから管理される対象でしかなかった（もちろん、管理というよりは保護であり、配慮であり、面倒をみるという意味合いだが）《**自分＝喘息**》を、管理する主体である自己と、管理すべき対象である喘息発作とに、すくなくとも私の意識の上では、分離したのである。実際に、他者ではなく、この自分が、喘息になんらかの積極的な働きかけをして、その喘息が治まっていくという経験は、なんとも言えない爽快感と達成感を私に提供してくれた。

また、メジヘラーを自分のそばにいつでも備えているという事実は、不安のうずのなかであえぐ私にとって、安心感と自信を少しばかり与えてくれたのも確かである。このまま、これらの肯定的な感情に囲まれて、敵である喘息に立ち向かう強き勇者に自立できたのかもしれなかった。

4．罪悪感と自立の頓挫

しかし、しかしである。ことはそうは運ばなかった。自分という主体と、喘息という客体に分割する契機であった、まさに「管理」という仕事がそれを許さなかったのだ。

「メジヘラーの多用は、子供のそれへの精神的な依存性を高めるから、なるべく使用を差し控えるように」という医師の但し書きがひっついていたのである。それが純粋に身体的な副作用についてなら、前に述べたように、二回続けての吸引が身体の変調をきたすなどは実体験としてあったから、話は違っていたかもしれない。だがそれは、喘息が心身相関的な疾病としてあった以上とうぜんかもしれないが、照準を精神的依存というこころの問題にあててきたのである。

それは「管理する」「自主的な使用にまかせる」という、一見すれば、精神的に自立した行為を促すもののように思える事がらが、さらにもう一枚外側から管理され、保護され、守られる、という事態を招いたのである。

「マァーちゃん（当時の私の呼び名）、あんまり使っちゃ、だめよ」

「使い過ぎると、精神的に弱い子になっちゃいますよ」

「なるべく持ち歩かないようにしなさい」

いささか、記憶は不確かであるが、私の頭のなかでは、メジヘラーは持ちつつも使ってはならない核兵器のようなものだった。可能性としては、精神的依存の程度まで射程に含めて、自主管理することがありえただろうが、ある感情がメジヘラーの使用にともなって喚起されることで、その可能性は水泡に帰した。

その感情とは、やはりここでも罪悪感だった。ただし、すでにたどった負い目（罪悪感）とは種類が異なる。なぜなら、外側のできごとをなにがなんでも、喘息である自分への責めとする傲慢な罪悪感は、「すべて」を対象にしていたゆえに拡散的だったし、その「すべて」はあくまで自分の外側にあるのだと意識していたゆえに外在的だった。そして自分と喘息は同一視されていた。その意味でそれは、自分が実際になにかを犯したがゆえに抱く罪悪感にまでいたらなかったとも言えよう。

こんどの罪悪感は輪郭がはっきりしている。それはメジヘラーの使用が「悪いこと」と意識され、その行為を**自分が自分の意志で**行ったと考えたからである。なぜ、医薬品を使うことが悪いと感じられたのか、もう説明する必要はないかもしれない。それは過度の使用が禁止されていたからであり、かつ、過度かどうかの基準が明らかではなかったので、発作自体を悪いこととして感じている私にとっては、たとえそれが適度の使用だったにせよ、なにか悪いことをしているような気になったのである。

さらに使用禁止もしくは自粛は、目に見える身体的な理由ではなく、可能性としての精神的依存を理由に提示された。「依存」がなぜいけないのか十分に納得しないままに、あるいはもしかしたら自主管理や自主性をそぐものとしてのマイナスイメージを持っていたかもしれないが、いずれにせよ、その抽象的で不可視の禁止理由は、具体的なメジヘラー使用を、私にとって、すべてに覆いかぶさるような暗雲にしてしまったのである。

そしてこんどは親が私の口にメジヘラーを含ませるのではない、**この私が**自分で自分の口に意図してメジヘラーを含ませるのである。喘息が自己から分離して対象化されたおかげで、主体となったかに見えた《私》は、同時に、限定された責任の所在地になってしまったのである。そしてそれらが罪悪感をはぐくんだ。

このように、一方では宝物であったメジヘラーは、その使用するかどうかの決定が私に委ねられたとたん、悪魔の遣いになってしまった。枕の下にあるそれを取り出すかどうかに悩み、またそれを手にしたとしても、まわりに気づかれないように静かに吸引しなくてはならない、と感じていた。なぜそんなことに悩まなければならなかったのだろうか。いま思っても悲しく感じる。私のこんな気持ちを親は知らなかっただろう。ひと言、口を開けばそれで解決するはずだったのに、むしろ親から察してくれることを望んでいたのだ。それもたぶん、根底にある罪悪感ゆえに自分から言い出せないという状況のなせるわざである。

「この程度の発作だけど、メジヘラーを使っていいのか」と、聞けばすむ話だったろうに。それができなかったのは、感情の次元では罪悪感があったためだろうが、同時に、自分で管理するという自分に託された自主性を、それが損なうかのように意識されていたからでもある。そこに罠がしかけてあった。

「使用の適正」を親に聞くというのは、なにも自主性を失うことではない。自分では判断のつかないことを他の人間に頼ることと、自分の自主性とか自立とかは背反するものではない。むしろ、表面上は他者を排することで、すべての事態に立ち向かうかのような「強き」自分の姿に溺れて、それを自主性と取り違えることほど愚かなことはないのだ。そういった、他者の排除による「自立」した自己はきっと挫折する。

なぜなら、それは他者への依存を**全否定する**ことでおのずと浮き上がってきた自己でしかなく、他者の存在を前提にした、その意味で、何が、相互にでき、できないのかを確認し合った関係のうえに立つ《自己》とは大きく異なるからである。私の場合、他者の全否定による「メジヘラーの自己管理」は、結局のところ不安と罪悪感に揺さぶられ、逆に、他者への全面的な従属という結果を招いたように思われる。それは意識の流れでは、「自分で全部やらなくては」という思いと、「他の人から言われて自分がやっているにすぎないのではないか」という思いの交錯として登場する。メジヘラーそのものへの依存は回避したものの、外部への適正な距離をとるという意味での「依存」や「自立」には頓挫したのである。

こうして、「喘息児としての《私》」の場面では、私は自立に失敗し、実質上は大いに依存しながらも、他者への依存に向けられた過度の嫌悪感をこころに培うことになったのである。

Ⅲ——今と20年前と50年前の僕たちへ

「私」は揺れ動き、書きながらも自分の位置のあやふやさに躊躇や不信や迷いを感じた。そのつど、なにかしらの視点を用いたあげくがこの文章になったわけだが、それは、最初に断ったように、「家族」という事がらへの両義的な感情、「家族」から距離をとり客観化ことへの拒絶、そして「感情」についての同じようなスタンス、の帰結である。(岡原 1995: 93)

こんな言葉で閉じられた二〇年前に書かれたエスノグラフィー。その行き着くべき地点を僕自身は、「私の生きた経験があなたの生きた経験とどこかで接点を持ちえること、それに私は賭けているのである」というセリフに見られるように、読者との「共感」によるつながりに求めていた。とはいえ、そうシンプルに、そうナイーブに共感を切り札にしているはずはない。ほぼ同時期に書かれた『ホモ・アフェクトス』(世界思想社　一九九八年)では、理解してしまうことや共感してしまうことの虚偽性や利己性を批判していたからだ。

今ここにいて思うのは、今から見た五〇年前というより、その五〇年前を想起していた二〇年前の私である。その思いをアートベースのエスノグラフィーとして戯曲にする。これはオートエスノグラフィーをある時点で書いた私と、そのテキスト化の行為をめぐるオートエスノグラフィーとして作品化されている。当事者の自己再帰的な反省行為自体を自己再帰的に当事者がいかに反省するのか、自己言及のパラドックスも射程にした作品である。もちろん舞台化を前提とした戯曲なので、演出による多様な解釈の現前がそもそも勘案されていることにも注意して欲しい。

『付論、あるいは、わすれもの』（二人の登場人物による一幕劇）

30代と50代の二人の男性「私」と「僕」が赤いソファーに並んで座っている。二人の服装は黒。二人は常に客席を向き、互いに顔は見合わせない。二台のビデオで二人の顔は別々に左右のスクリーンに映し出されている。

僕　これを書くきっかけって何だっけ？

私　『ファミリズムの再発見』への寄稿を頼まれたから。障害者の家族について何かを書いて欲しいという話だったたと思う。『生の技法』で、そう、一応そのテーマで書いていたから、そのつながりでしょ。

僕　じゃ、企画段階とはだいぶ違うんだね？

私　**（不機嫌そうに）**　はっ。

僕　違うよね？

私　は〜。

僕　原稿依頼の趣旨とは……

私　違ったらダメ？

僕　いや、そんな、責めているわけではないし。ただ、書かれた経緯を少し詳しく知りたいだけかな。

私　**（いっそう不機嫌に）**　対象化とか、客観性とか、立ち位置とか、関わり合いとか、当事者性とか、専門性とか、他者の表象とか代表性とか、象徴暴力とか権力性とかね。いちいち言わなくても、なんか分かるでしょ。あんたも社会学者長いんだから。

僕　ポストモダニズム、構築主義、というか、もっとはっきり言えば、科学の政治性や専門家権力について問題化された。研究者の実存も問われた。そんな潮流の中で社会学の言説のスタイルを根底から問い直そうとして、自伝的内省あるいは自己エスノグラフィーを選んだ。感情社会学者として感情の物象化に抗い、エリスがいう感情的社会学、今なら感傷的社会学の方が合う気もするけど、それを試した。そういうこと？

私　**（呆れて）**　かもね。

僕　他者を見て他者について書くこと、そのことへの逡巡や自己反省があるかと思うんだけど、それを経て、他者ではなく自分自身を対象化することになった。でも、こうも書いているよね、「このような内省的な感情の吐露は、その感情の多くが実在するほかのひとびと、とりわけ今回の場合には、亡き父、母、弟、などの家族関係の内部で生じたものだから、もし私の感情告白がまったくの新しい認識を生み出し、過去にあった状況について、解釈のやり直しなどを引き起こせば、それはすなわち関係のなにかしらの変更を帰結するかもしれない」って。結局、自己の対象化といっても、自己に関わる他者への言及でもある訳で、どうだろう、関係性において何かしらの変化があったということ?

私　何も。

僕　杞憂だったわけだね。

私　まあ、母親は感慨深そうでしたね。昔のこと、思い出したんでしょ。

僕　いま書いたら一番違ってくるのが、そこですよ。

私　えっ。

僕　こども、です。僕の八つの娘が季節の変わり目には、過敏で咳き込んで寝れないことがあるんです。娘のそばにいて、世話していると、母のことをいろいろ思い出しますね。

私　そうですか。

僕　親たちが子の看病するときの気持ちや、その書きっぷりも、今なら違うかな。まぁ、それはともかくとして、内容について伺いますね。

私　はぁ？

僕　まずは、そう、不安の感情共同体という件は、僕が感情公共性というアイデアを練りだす際に、障害のある子をもった親の会や、介助者の集まりなどでの体験とともに、大事な役割を担ったと考えています。どうだろう。共同体と公共性というこの二つの概念への価値的な判断はすでにあったのか、なかったのか、それとも萌芽段階として、少なくとも感情的な好悪は……

私　**（急いで遮って）**　いいかげんにしてくれません。何言っているかわからないし、あなたが何をどう読んだのかもわからない、本当に。

僕　いや、そう、ですか？

私　あなた、私でしょ。でも、私じゃない。いつまでもあなたは私に届いてこない、全然、届かない。わかります？

僕　あなたの言わんとすることのどこまで了解したのかは心許ないけれど、文章に現わされている親子の関係性、その人間関係にある機微というか輻輳した心情、両義的な感情関係などについては理解しているつもりでしたけど、その割に、無遠慮な反応をしてしまって、あなたを不愉快にしてしまったとしたら、申し訳なく……

僕 **（語気を強めて）** 違うでしょ！　違いますよね！

私 というと。

僕 あなたが今、私について思うのは、違う理由ですよね。

私 ああ。

僕 この文章が書かれることで書かれなかった、書かれていても頓挫させられた。そのことですよね。でしょ？

私 ちょっと、なんて言えばいいのか。思い当たらないな。

僕 **（強い語気で）** 違うな、きっと違う。

私 ああ。

ビデオ画面が入れ替わる

私 そういえば、『ホモ・アフェクトス』では学術的な書法を疑問視し、自己再帰的に問題化したんですが、同時に、アカデミックに読まれないように、そんな読み方をいかに拒否するかも試みました。

僕　そうそう、パンク的な実験とか言ってたもんね。表現の自由度は高まり、多様な様式がみられ、科学が今まで排除してきたような表現形式も使われるようになりましたよね。二〇年前に比べて雲泥の差です。この間、アートを用いるような研究手法も浸透してきた。

私　でもね、読み方はどうだったんだろう。読まれ方は？

僕　解釈の自由とかは、……あんまりね。

私　社会学はメタ次元での自己批判が足りない。

僕　というと？

私　色々あったでしょ、相対主義？　構築主義？　社会学の社会学？　科学革命論や言語ゲーム論？　ジェンダー論や障害学もね？

僕　それにポストモダニズムやポストコロニアル、まだまだあるよね。

私　メタで自分自身に問いかける視角は、いっぱいあった。でもさ、講義も学会報告も論文も、なぜいつまでも一緒の形式かな。議論の内容？　言説世界？　それだけが重要で、それ以外は透明な存在として、考慮してこなかったからでしょ。

僕　なんか、途方に暮れるな。

私　じゃ、社会学の歴史に登場するどんなものでもいいよ、ここに一〇〇冊持ってきて、カバーはがして、ペンキ塗ってみてよ。全部同じでしょ。

僕　ああ。

ビデオ画面が入れ替わる

僕　そうだ、さっきの話ね、さっきの。

私　さっきって?

僕　書くことと読むこと、だったかな。

私　それ?

僕　それ。

ビデオ画面が入れ替わる

私　いいえ。アカデミックな読解や解釈によって、損なわれるのは何か、ということ。読解や解釈といった場合にね、すでに自律した作品なるものが、論文だろうが何だろうが、存在しているっていうことが前提ですよね。でもね、そうなのかな。

僕　それがつきまとう？

私　著者性みたいのものが問題化されたときにも、集合的共同的な学術生産が言われても、作品それ自体の自存性、作品のアイデンティティーについては、近代的そのもの、そのままで、意外にスルーされていたと思う。でもね、そうじゃない見方ってあると思う。

僕　ありえる？

私　演劇だったら、戯曲と上演は別々の作品でしょ。テキストをどのような演出で舞台にするか、それが大事にされ、それが一つの作品になる。論文はテキストですよね、だったら、その上演も作品として見てもいいだろうと思う。

僕　最近ではポストドラマ演劇とかいわれ、テキストの位置づけも相当変わったし、上演を前提にしたテキストだってあるし。

私　暑い。
僕　えっ？
私　ここ。
僕　そこ？
私　作品自体が相互行為として成立する、その時その場に参加している人々によって、その都度、できあがっていく出来事、プロセスとして作品を考えたい。
僕　論文を？
私　いや、論文それ自体は作品の部分でしかない。
僕　ということは。
私　生きられる社会学なんです、欲しいのは。
僕　生きられる、生きられるって、言ってもね。
私　生きられる感情を生きる、そんな社会学。
僕　感情移入とか共感？
私　感動が必須というわけじゃないけど、感情を吟味しつつも感情が動かされるような、ある種の感情公共性が立ち上がらなくては、実現されない。

僕　今の僕なら、パフォーマティブな生成であることを自覚して社会学をするという感じかな。パフォーマンス・エスノグラフィーやエスノドラマ、あるいはドキュメンタリー演劇といった試みは、その一端で。

私　でも、ちょっと待って。

僕　それから、そうそう、二〇一三年秋に日本社会学会大会にぶつけて主催したオルタナティブ社会学会（http://alternativesociology.jimbo.com、http://vimeo.com/77041585）……

私　ちょっと待って、待って。

暗転、スクリーンはプロジェクターの無地の投影光のみ。

私　私はこの文章を書いたときの思いを隠している。

僕　僕はこの文章を書いたときの思いをまだ隠している。

私　言えない。

僕　言えない。

私　家族についてのもう一つ別の物語
僕　それがあるはず。
私　言わない。
僕　言わない。
私、僕　言わない。

プロジェクター消灯

おわり

＊本章の第Ⅱ節は、井上眞理子・大村英昭編『ファミリズムの再発見』（世界思想社　一九九五年）所収「家族と感情の自伝」第2節、第3節を改稿したものである。

6　ワーク・イン・プログレスとしての社会学作品
——あとがきにかえて

岡原正幸

私はすべての決定権を現場［サイト］に委ねる！
川俣正『アートレス　マイノリティとしての現代美術』

生きられる経験を主題にして語ること自体を、いかに生きていくのか、いかに生きられる社会学として僕たちはそれを積極的に経験していくことができるのか。僕自身はこの文脈における回答として、社会学が出来事として生成され、そこに参加している人たちが身をもって感情とともに実演しているプロセスそのものが社会学だと言い、それこそを作品にすべきと宣言し、そのような試みを**パフォーマティブ社会学**と呼んでいる。

パフォーマティブ社会学は、作品がその展示や公演という出来事とは独立して存在するという発想を否定するものでもあり、客観的な事実が、社会学者や読者とは別にあり得るという発想をも否定するものである。つまり、パフォーマティブとは、その場その場で、その場にいる私たちによって、相互行為の達成として、作品も現実もつくられるということでもあるのだ。私たちはパフォーマティブであることを運命づけられてもいるのだ。（岡原 2013: 49）

この社会学の構想は、現代美術家の川俣正が自身の作品行為を「ワーク・イン・プログレス」と呼ぶものにも近い。

さまざまな人たちが現場で、それぞれの思いでプロジェクトに参加していく。そこからコミュニケーションが生まれ、このプロジェクトに新たな方向を示す発想のチャンスを生み出す。……「ワーク・イン・プログレス」は、つねに変化せざるを得ない状況の中で、変化していく方向を決定する。その要因をその場やそこにかかわる人たちの身体を通したコミュニケーションにゆだねている。（川俣 2001: 122）

川俣正は、絵画や彫刻など作者個人が制作するオブジェとしての作品ではなく、その都度の現場でそこにいる人たちとの仮設的な共同作業のプロセス自体を、ワーク・イン・プログレス・プロジェクトとして作品化している。たとえば、一九九七年オランダのアルクマーではアルコールやドラッグの依存症者のクリニックから運河を越えて街まで、木造の遊歩道を患者たちと共に一年以上の歳月をかけて設置するという作品を世に問うている。

ワーク・イン・プログレス＝「進行中の仕事」という一般的な意味では学問はいつでも「進行中」だ。だが、川俣の意味で理解すれば、一遍の論文や一冊の著作に限局される社会学的な研究成果という発想を捨て去るべきということになる。社会学としての作品の可能性はもっと大きく開かれるべきだろう。そうであってこそ、生きられる経験や生きられる社会学を実現できる。思うに、最近の若い研究者の果敢な試みはその可能性を一歩づつ広げている（最近のエスノグラフィーにある書法や表現法）。だがたとえば、映像社会学の成果としての映像作品、この国のアカデミズムはその映像の学位審査をするだろうか。あるいは、一冊の本と、その本をめぐる討議、どちらが社会学的であって、どちらが生きられるものでありえるのか。アートベース・リサーチやパフォーマンス・エスノグラフィーではは、その場にいる人々が観客だろうが、共演者だろうが、他者という立ち位置にあってそれら作品の根幹をなし、作品それ自体はパフォーマンス性を帯びざるをえない。著者が一人で閉じ込み完結させてしまう類の社会学論文とは違うのだ。論文はむしろ中間生産物だ。オートエスノグラフィーが〈私〉に回収されずに公的なものになるのは、それがパフォーマティブだからだ。論文形式だったとしても、読者と共同で進められるワーク・イン・プログレスであるからこそ社会的な意義をもつ。一般性や普遍性を旗艦に掲げていた社会学という名のプロジェクトは、現代アートの動向にならえば、仮設的だったり、インスタレーションだったり、サイトスペシフィックだったりするプロジェクトへともっと開かれるべきだろう。社会学がその社会的公共的な意義を問われ、専門性の権力を批判されるなら、社会学が開かれるべき方向のひとつは少なくともここにある。

ガーゲン／ガーゲン（2012）によれば、科学とアートの境界線にあるパフォーマティブ社会科学は、科学者共同体内に閉じられた議論ではなく、より広範囲の観衆を得て、関わりの次元も高度化させる、たとえば感情的な関与も認められるようになる。さらに、科学と社会の対話が促進され、社会がより動的に変化する可能性が、実証科学よりも大きくなると考えられる。

もちろん、社会学がパフォーマティブな方向に全体的に展開するには、新たな制度設計など時間や手間がかかるかもしれない。しかし、現に行われている研究作業のプロセスにあって、作品の外に追い出さないようにするというだけで、達成されるものもある。ポストアカデミズムとも呼びたいが、学生や調査協力者や多くの人と共同で一緒に作られる出来事は多い、それも生成の中でプロセスとして現に行われている出来事、それらを捉えかえすべきなのだ。いやむしろ、それこそを、今このときより、「新たな研究の成果」として、社会学の作品として、生きられる社会学実践として、数えたい。

その意味で、「生と感情の社会学」において僕や小倉と共に共同作者となるべきある受講者の言葉を記そう。社会学という場がこうであれば、それはパフォーマンスで、ワーク・イン・プログレスで、さらに感情公共性を立ち上げる作業として、社会学の営みがありえるということで、それは、僕にとっての幸せなのだ。

私は自分の過去の自殺未遂と自傷行為について自分史を書きました。私自身は、自らの過去に対して開き直っているのですが、手首から腕に続く傷跡を電車などで目にした他人から嫌な顔をされることもあるため、発表をする時には、他の方々からどう思われるか少しの不安がありました。しかし、チームが決定する前でも、チームが決定してからも皆さん真剣に聞いてくださって、プレゼンを発表する時にも多くの人が真剣に向き合ってくださいました。それは、私にとって貴重な経験となりました。いくら開き直っていても、私の中では暗い過去であり、いい思い出などない時代の話を何度もして、プレゼン発表でも深い質問が飛んでくることもあり、あの時代に思いを馳せなければいけませんでした。しかし、不快な感情は芽生えることもなく、むしろ多くの方に真剣に聞いて頂けたことで、今までの私の〝生〟が報われたと感じました。授業が終わった時には、これまで以上に「生きよう」という意識も強くなりました。多くの方々に、あの場で聞いて頂けたことは、私にとって、とても大きな幸せだと思っております。

最後に、この企て、つまり社会学するという行為自体の制度的改変をもくろむ試みに、快く原稿を寄せてくれたお三方、編集をお願いした慶應義塾大学出版会の宮田昌子さん、また三田哲学会叢書のシリーズ刊行に関しては慶應義塾大学出版会の上村和馬さんに、そして何より、「生と感情の社会学」を僕らとともに一緒に生きてくれたすべての受講者に、僕は深くお礼を申し述べたい。

書院.
小倉康嗣, 2006,『高齢化社会と日本人の生き方――岐路に立つ現代中年のライフストーリー』慶應義塾大学出版会.
――――, 2011,「ライフストーリー研究はどんな知をもたらし, 人間と社会にどんな働きかけをするのか――ライフストーリーの知の生成性と調査表現」『日本オーラル・ヒストリー研究』7: 137–155.
――――, 2012,「学知と現実のはざまでの愚直な対話」『日本オーラル・ヒストリー研究』8: 57–61.
――――, 2013,「ライフストーリー――個人の生の全体性に接近する」藤田結子・北村文編『ワードマップ 現代エスノグラフィー――新しいフィールドワークの理論と実践』新曜社, 96–103.
岡原正幸, 1995,「家族と感情の自伝――喘息児としての《私》」『ファミリズムの再発見』(井上真理子・大村英昭編) 世界思想社 60–92.
――――, 2013,「宣言　パフォーマティヴ社会学」『第一九回日本国際パフォーマンス・アート・フェスティバル～ニパフ 13　カタログ』ニパフ実行委員会.
内田義彦, 1992,『作品としての社会科学』岩波書店.
Van Manen, M., 2011, 村井尚子訳『生きられた経験の探究――人間科学がひらく感受性豊かな〈教育〉の世界』ゆみる出版.
鷲田清一, 2012,『語りきれないこと――危機と痛みの哲学』角川学芸出版.

い――〈当事者〉をめぐる質的心理学研究』北大路書房.
井本由紀, 2013,「オートエスノグラフィー」『ワードマップ現代エスノグラフィー――新しいエスノグラフィーの理論と実践』(藤田結子・北村文編) 新曜社, 104–111.
鎌田大資, 1995,「否定的感情性について――N. K. デンジンによる人間の弱さの社会学の理解をめざして」『ソシオロジ』40 (1): 127–142.
川俣正, 2001,『アートレス――マイノリティとしての現代美術』 フィルムアート社.
木村 敏, 2006,『自己・あいだ・時間――現象学的精神病理学』筑摩書房.
Lévinas, E., 1993, 合田正人・谷口博史訳『われわれのあいだで――《他者に向けて思考すること》をめぐる試論』法政大学出版局.
――――, E., 2005, 西谷修訳『実存から実存者へ』ちくま学芸文庫.
Lupton, D., 1999, 無藤隆・佐藤恵理子訳『食べることの社会学――食・身体・自己』新曜社.
Merleau-Ponty, M., 1974, 竹内芳郎・木田元・宮本忠雄訳『知覚の現象学２』みすず書房.
――――, 1989, 滝浦静雄・木田元訳『見えるものと見えないもの』みすず書房.
Minkowski, E., 1954, 村上仁訳『精神分裂病――分裂性性格者及び精神分裂病者の精神病理学』みすず書房.
三井さよ, 2006,「感情労働」船津衛編『感情社会学の展開』北樹出版, 51-66.
宮本太郎, 2008,『福祉政治――日本の生活保障とデモクラシー』有斐閣.
中村英代, 2011,『摂食障害の語り――〈回復〉の臨床社会学』新曜社.
野間俊一, 2012,『身体の時間――〈今〉を生きるための精神病理』筑摩書房.
雑賀恵子, 2008,『エコ・ロゴス――存在と食について』人文

参考文献

浅野智彦, 2001,『自己への物語論的接近――家族療法から社会学へ』勁草書房.

Beck, U., 2005, 木前利秋・中村健吾監訳／解説『グローバル化の社会学――グローバリズムの誤謬―グローバル化への応答』国文社.

Beck, U., Giddens, A. & Lash, S., 1998, 松尾精文・小幡正敏・叶堂隆三訳『再帰的近代化――近現代における政治、伝統、美的原理』而立書房.

Bauman, Z., 2001, 森田典正訳『リキッド・モダニティ――液状化する社会』大月書店.

Chouchou, 2011, another dawn（http://chouchou.cc/songs/another_dawn.html）

Crossley, N., 2012, 西原和久・堀田裕子訳『社会的身体――ハビトゥス・アイデンティティ・欲望』新泉社.

Ellis, C. & Bochner, A., 2006, 藤原顕訳「自己エスノグラフィー・個人的語り・再帰性――研究対象としての研究者」『質的研究ハンドブック三巻』（デンジン／リンカン編　平山満義監訳、大谷尚・伊藤勇編訳）北大路書房　129–164.

Fischer-Lichte, E., 2009, 中島裕昭・平田栄一郎・寺尾格・三輪玲子・四ッ谷亮子・萩原健訳『パフォーマンスの美学』論創社.

Frank, A. W., 2002, 鈴木智之訳『傷ついた物語の語り手――身体・病い・倫理』ゆみる出版.

Gergen, M. & Gergen, K., 2012, Playing with Purpose: Adventures in Performative Social Science. Left Coast Press.

Giddens, A., 2005, 秋吉美都・安藤太郎・筒井淳也訳『モダニティと自己アイデンティティ――後期近代における自己と社会』ハーベスト社.

Herman, J. L., 1999, 中井久夫訳『心的外傷と回復』みすず書房.

今尾真弓, 2007,「当事者『である』こと／当事者『とみなされる』こと」宮内洋・今尾真弓編『あなたは当事者ではな

著者紹介

岡原正幸（おかはらまさゆき）

慶應義塾大学文学部教授。1980年、慶應義塾大学経済学部卒業。1980〜81年、ミュンヘン大学演劇学専攻留学。1987年、慶應義塾大学社会学研究科博士課程修了。2014〜15年、ハンブルク大学パフォーマンススタディーズセンター。『感情資本主義に生まれて――感情と身体の新たな地平を模索する』（慶應義塾大学出版会、2013年）、『生の技法――家と施設を出て暮らす障害者の社会学』（共著、第3版、生活書院、2013年）、『アート・ライフ・社会学』（編著、晃洋書房、2020年）などの著書がある。

小倉康嗣（おぐら やすつぐ）

立教大学社会学部教授。1992年、慶應義塾大学法学部卒業後、厚生省厚生事務官を経て、1999年、慶應義塾大学大学院社会学研究科博士課程単位取得退学。博士（社会学）。『高齢化社会と日本人の生き方――岐路に立つ現代中年のライフストーリー』（慶應義塾大学出版会、2006年）、『原爆をまなざす人びと――広島平和記念公園八月六日のビジュアル・エスノグラフィ』（共編著、新曜社、2018年）、『なぜ戦争体験を継承するのか――ポスト体験時代の歴史実践』（共編著、みずき書林、2021年）などの著書がある。

澤田唯人（さわだ ただと）

大妻女子大学共生社会文化研究所特別研究員、同大学ほか兼任講師。2018年、日本学術振興会特別研究員を経て慶應義塾大学大学院社会学研究科博士課程単位取得退学。著作に「腫れものとしての身体――『境界性パーソナリティ障害』における感情的行為の意味」（『社会学評論』66巻4号）、『ソーシャル・マジョリティ研究――コミュニケーション学の共同創造』（共著、金子書房、2018年）など。自傷行為を生きる人々へのインタビュー調査や面前DVをめぐる自らの当事者性を通じて、感情とそのゆくえ（痕跡）について検討している。

宮下阿子（みやした あこ）

法政大学・流通経済大学・東京医科大学ほか兼任講師。2018年、法政大学大学院社会学研究科博士課程単位取得退学。「摂食障害における「くうこと」と「くうもの」」（「支援」Vol.6）、「過食・嘔吐という「危期」を乗り越える――当事者が語る「罪悪感」を手がかりとして」（「保健医療社会学論集」第29巻第1号）、「〈生まれなおし〉のプロセスとしての摂食障害――ある拒食と過食の語りから」（「社会志林」第65巻第3号）、『フーディー――グルメフードスケープにおける民主主義と卓越化』（共訳、青弓社、2020年）など。

慶應義塾大学三田哲学会叢書
感情を生きる
——パフォーマティブ社会学へ

2014年3月31日　初版第1刷発行
2021年10月8日　初版第3刷発行

編者————岡原正幸
著者————岡原正幸・小倉康嗣・澤田唯人・宮下阿子
発行所————慶應義塾大学三田哲学会
〒108-8345　東京都港区三田2-15-45
http://mitatetsu.keio.ac.jp/
制作・発売所——慶應義塾大学出版会株式会社
〒108-8346　東京都港区三田2-19-30
TEL〔編集部〕03-3451-0931
〔営業部〕03-3451-3584〈ご注文〉
〃　03-3451-6926
FAX〔営業部〕03-3451-3122
振替　00190-8-155497
https://www.keio-up.co.jp/
装丁————耳塚有里
組版————株式会社キャップス
印刷・製本———中央精版印刷株式会社

Printed in Japan　ISBN978-4-7664-2123-1

「慶應義塾大学三田哲学会叢書」の刊行にあたって

ars incognita

このたび三田哲学会では叢書の刊行を行います。本学会は、1910年、文学科主任川合貞一が中心となり哲学専攻において三田哲学会として発足しました。1858年に蘭学塾として開かれ、1868年に慶應義塾と命名された義塾は、1890年に大学部を設置し、文学、理財、法律の3科が生まれました。文学科には哲学専攻、史学専攻、文学専攻の3専攻がありました。三田哲学会はこの哲学専攻を中心にその関連諸科学の研究普及および相互理解をはかることを目的にしています。

その後、1925年、三田出身の哲学、倫理学、社会学、心理学、教育学などの広い意味での哲学思想に関心をもつ百数十名の教員・研究者が集まり、相互の学問の交流を通して三田における広義の哲学を一層発展させようと意図して現在の形の三田哲学会が結成されます。現在会員は慶應義塾大学文学部の7専攻（哲学、倫理学、美学美術史学、社会学、心理学、教育学、人間科学）の専任教員と学部学生、同大学院文学研究科の2専攻（哲学・倫理学、美学美術史学）の専任教員と大学院生、および本会の趣旨に賛同する者によって構成されています。

1926年に学会誌『哲学』を創刊し、以降『哲学』の刊行を軸とする学会活動を続けてきました。『哲学』は主に専門論文が掲載される場で、研究の深化や研究者間の相互理解には資するものです。しかし、三田哲学会創立100周年にあたり、会員の研究成果がより広範な社会に向けて平易な文章で発信される必要性が認められ、その目的にかなう媒体が求められることになります。そこで学会ホームページの充実とならんで、この叢書の発刊が企図されました。

多分野にわたる研究者を抱える三田哲学会は、その分、多方面に関心を広げる学生や一般読者に向けて、専門的な研究成果を生きられる知として伝えていかなければならないでしょう。私物化せず、死物化もせずに、知を公共の中に行き渡らせる媒体となることが、本叢書の目的です。

ars incognita　アルス インコグニタは、ラテン語ですが、「未知の技法」という意味です。慶應義塾の精神のひとつに「自我作古（我より古を作す）」、つまり、前人未踏の新しい分野に挑戦し、たとえ困難や試練が待ち受けていても、それに耐えて開拓に当たるという、勇気と使命感を表した言葉があります。未だ知られることのない知の用法、単なる知識の獲得ではなく、新たな生の技法（ars vivendi）としての知を作り出すという本叢書の精神が、慶應義塾の精神と相まって、表現されていると考えていただければ幸いです。

慶應義塾大学三田哲学会